힌디어 표준 교재 A1

본 교재는 2018년 정부(교육부 국립국제교육원) '특수외국어교육 진흥 사업'의
지원을 받아 수행된 결과입니다. (CFL-한국외-2018-힌디-C-1)

नमस्ते

मानक पाठ्य पुस्तक

हिन्दी

힌디어 표준 교재

한국외국어대학교 인도어과・인도학과

A1

भारत

धन्यवाद

HU:iNE

प्रस्तावना

머리말

본 교재는 국민에게 전문적인 특수외국어교육에 대한 기회 제공과 특수외국어 인재 양성을 위해 시행된 특수외국어교육진흥법에 의거하여 개발되었습니다.

그간 표준화된 공통교육과정 없이 진행되었던 국내 특수외국어교육에 대한 내실화를 도모하고 전공자뿐만 아니라 일반인에게도 체계화된 수준별 학습이 가능하도록 각 단계에서 익혀야 하는 표준교육과정에 따라서 개발된 작은 결실입니다.

『힌디어 표준 교재 A1』은 외국어를 막 배우기 시작한 입문 과정으로 정형화된 일상적인 표현들과 간단한 문장들을 이해하고 사용할 수 있도록, 과마다 관련 주제 기본 표현을 위한 '대화 1', '대화 2', 필수 단어 및 힌디어 기초 지식을 위한 '어휘'와 '문법', 어휘 및 표현 능력 향상을 위한 '문형 이해하기', 그리고 다양한 유형의 '말하기', '듣기', '읽기', '쓰기'로 구성되어 있습니다. 또한 의사소통 능력뿐만 아니라 인도와 인도 사람들에 대한 이해, 즉 문화 소통 능력 함양을 위해 각 과의 주제와 연동한 '문화 이해'도 함께 집필되었습니다.

교재를 열성적으로 감수를 해 주신 한국외국어대학교 임근동 교수님, 델리대학교 Sharma 교수님, 네루대학교 Jaya 교수님과 Ravikesh 교수님 그리고 출판될 수 있도록 편집을 맡아 주신 지식출판콘텐츠원 이근영 선생님께 감사의 말씀을 드립니다.

끝으로 힌디어와 같은 특수외국어가 체계적으로 잘 교육될 수 있도록 특수외국어교육 기반 조성에 심혈을 기울이고 지원을 아끼지 않는 국립국제교육원 관계자 여러분께도 심심한 사의를 표합니다.

집필위원 일동

सूचनाएँ

일러두기

힌디어 표준 교재는 대한민국 정부의 특수외국어교육진흥법에 의거하여 체계적으로 개발된 표준교육과정을 바탕으로 힌디어를 배우고자 하는 학습자의 의사소통 능력 신장을 위한 교재입니다.

집필 방향

- 특수외국어 표준 교재는 유럽언어공통기준(CEFR)을 참고하여, 초급(A), 중급(B), 고급(C) 단계로 개발되었습니다. 각 단계는 다시 둘로 나뉘어 총 6개의 세부 단계(A1, A2, B1, B2, C1, C2)로 구성됩니다.
- 그러나 힌디어 표준 교재는 힌디어의 개별적 특수성을 반영한 힌디어 표준교육과정에 따라 유럽언어공통기준에서 제시되지 않았던 문자와 발음 단계인 A0가 추가 개발되었습니다.
- 힌디어 표준 교재는 문법 지식이 아닌 단계별 의사소통을 우선적인 학습목표로 삼아 집필되었습니다. 따라서 주제, 어휘, 문법, 기능, 상황 등의 선정 및 배열에서 일반 힌디어 교육과 차이를 보일 수 있습니다.
- 기초교육에 해당하는 A1과 A2에는 일반인과 외국어로서의 힌디어를 전공하는 대학교 1학년 학생 수준을 고려한 구체적 학습목표가 제시됩니다.
- 일반적으로 A1 교재는 외국어를 막 배우기 시작한 학생을 위한 입문 과정으로 기초적 언어사용을 목표로 하고 있습니다. 다시 말해서, 구체적인 욕구 충족을 지향하는 정형화된 일상적 표현들과 아주 간단한 문장들을 이해하고 사용할 수 있도록 설계되었습니다.

- 힌디어 표준교육과정에 근거하여 개발된 본 교재를 통해 힌디어 전공 학생뿐만 아니라 일반인들도 표준화된 양질의 교육을 제공받을 수 있는 기반이 마련될 것입니다.

교재 구성

- 힌디어 표준 교재는 인도에서 접할 수 있는 상황과 표현을 중심으로 공적인 담화와 사적인 담화를 모두 포함시켰으며, 말하기, 듣기, 읽기, 쓰기 능력을 고루 향상시킬 수 있는 실질적 연습 및 활용을 위한 과제를 모두 포함시켰습니다.
- 본 교재는 모두 12과로 구성되어 있습니다.
- 각 과는 두 개의 대화와 문법, 문형 이해하기, 말하기, 듣기, 읽기, 쓰기, 문화이해로 구성됩니다.
- 각 과는 기본적으로 3시간의 수업 내용으로 구성되어 있습니다. 물론 학습 현장 상황과 학습자의 학업 성취 정도에 따라 수업 시간은 유연하게 조절 가능합니다.
- 각 과의 첫 페이지는 학습목표와 삽화, 도입 질문으로 구성되어 있습니다. 삽화를 통해 해당 상황에 대한 이야기를 나누면서 학습자는 해당 과의 주제와 어휘를 접하고 관련 배경지식을 형성할 수 있습니다.
- '대화'는 해당 과의 주제에 맞는 자연스럽고 실용적인 힌디어 대화로 이루어져 있습니다. '문법'은 의미, 예문, 주의점을 통해 학습자가 힌디어 표준문법에 따른 정확한 힌디어를 익힐 수 있도록 했습니다. '문형 이해하기'에서는 힌디어 기본 문형을 이해하고 어휘력을 늘릴 수 있습니다. 다양한 형식의 연습문제가 '말하기', '듣기', '읽기', '쓰기' 영역으로 나뉘어 제시됩니다. 해당 과에서 공부한 문형과 문법의 실질적 연습을 통해 탄탄한 힌디어 실력을 쌓을 수 있으며, 현재 개발 중인 평가인증문항에 대비할 수 있습니다.
- 각 과의 마지막은 '문화이해'로 사진과 함께 인도 문화를 간략하게 소개하고 있습니다. 이를 통해 학습자가 힌디어를 익히면서 동시에 인도 사회에 대한 기본적인 지식을 확보할 수 있습니다.
- A1 교재에 사용된 어휘는 약 800여 개로, 초급 수준의 학습자에게 요구되는 필수 어휘로 구성되었습니다. '대화'마다 새로 나온 어휘가 정리되어 있으며, 연습문제에 사용된 어휘는 각 과의 마지막에 제시되어 있습니다.
- 힌디어 표기는 국립국어원 외래어 표기법을 따르는 것이 원칙이나 정확한 발음을 학습해야 하는 본 교재의 특성상 원어에 가장 가깝게 표기했음을 밝힙니다.

अनुक्रम

차례

A1 교재 구성표

과	주제	제목	학습목표 1 (의사소통)
1	인사	**नमस्ते।** 안녕하세요.	• 기본적인 인사 표현을 말할 수 있다. • 서로에게 안부를 묻고 답할 수 있다. • 의문사를 사용하여 질문할 수 있다.
2	자기 소개	**आपका नाम क्या है?** 이름이 뭐예요?	• 서로의 이름을 묻고 답할 수 있다. • 직업 및 출신에 대해 말할 수 있다. • 나이를 묻고 대답할 수 있다.
3	가족	**ये मेरे भाई-बहन हैं।** 이들은 제 형제자매입니다.	• 가족을 소개할 수 있다. • 혈연 및 관계를 표현할 수 있다.
4	집	**क्या बाज़ार यहाँ से दूर है?** 시장이 여기에서 머나요?	• 사물의 위치에 대한 표현을 익힌다. • 거리 및 방향에 대해 표현할 수 있다.
5	시간 · 요일	**हम साढ़े छः बजे मिलते हैं।** 우리는 6시 30분에 만납니다.	• 시간에 대해 묻고 답할 수 있다. • 요일 및 날짜를 표현할 수 있다.
6	시장	**यह आम कितने का है?** 이 망고는 얼마입니까?	• 물건을 살 수 있다. • 가격을 묻고 흥정하는 표현을 배운다.

학습목표 2 (문법)	학습목표 3 (문화이해)	문형 이해
• 대명사와 होना 동사 간의 일치를 이해한다. • -आ로 끝나는 형용사의 성 · 수 변화를 이해한다.	인사 표현 및 방법	• 주어 + (불변) 형용사 + होना 동사 • 주어 + -आ로 끝나는 형용사 + होना 동사
• 후치사 का와 से를 활용할 수 있다. • 주어와 동사 간의 일치를 이해한다.	카스트와 자띠	• 일반의문문: 의문표지 क्या • 설명의문문: 의문사 क्या • 명사 + 소유격 후치사 + 명사 • 주어 + 명사 + 소유격 후치사 + होना 동사
• 현재 미완료 문장을 만들 수 있다. • 후치사 में의 사용법을 익힌다. • 명사의 성·수 변화를 이해한다.	대가족과 결혼	• (장소) 부사 + 남성명사 + होना 동사 • (장소) 부사 + 여성명사 + होना 동사 • 현재 미완료(동사 어간 + -ता/-ते/-ती + होना 동사의 현재형)
• 명사와 대명사의 격 변화를 이해한다. • 후치사 पर의 용법을 배운다. • 복합 후치사를 활용한 문장을 만들 수 있다.	박띠와 뿌자가르	• 대명사 + से • 대명형용사 + 형용사 + 명사 + 후치사
• 힌디어 숫자를 익힌다. • 현재 진행형 문장을 만들 수 있다. • चाहना 동사를 활용하여 문장을 만들 수 있다.	순환과 시간	• 현재 진행형(동사 어간 + रहा/रहे/रही + होना 동사의 현재형) • 주어 + 시간/때 + 동사
• 힌디어의 명령법을 익힌다. • 부정대명형용사 कोई와 कुछ의 용법을 배운다. • के पास를 활용한 소유에 대한 표현을 익힌다.	긍정의 제스처	• तू에 대한 명령법(동사 어간) • तुम에 대한 명령법(동사 어간 + -ओ) • आप에 대한 명령법(동사 어간 + -इए/-इएगा)

과	주제	제목	학습목표 1 (의사소통)
7	감정	**क्या तुम्हें तंदूरी चिकन पसंद है?** 너 딴두리 치킨 좋아하니?	• 좋아함과 싫어함을 표현할 수 있다. • 기쁨과 슬픔에 대한 표현을 배운다.
8	날씨	**बारिश होगी।** 비가 올 거예요.	• 오늘의 날씨를 말할 수 있다. • 다양한 계절을 설명할 수 있다.
9	여가	**तुम इन छुट्टियों में क्या करोगे?** 너 이번 휴일에 뭐 할 거야?	• 취미에 대해 묻고 답할 수 있다. • 여가 계획을 말할 수 있다.
10	일과	**उसके बाद पूजा करता हूँ।** 그다음에 뿌자를 합니다.	• 일과를 말할 수 있다. • 과거의 규칙적인 습관을 말할 수 있다. • 소요 시간을 표현할 수 있다.
11	식당	**शाकाहारी के लिए क्या मिलेगा?** 채식은 뭐가 있나요?	• 식당에서 음식을 주문할 수 있다. • 음식의 맛을 표현할 수 있다.
12	초대	**कल मेरा जन्मदिन है।** 내일은 내 생일입니다.	• 지인의 집을 방문할 때 사용하는 표현을 배운다. • 초대에 응하거나 거절하는 문장을 만들 수 있다.

학습목표 2 (문법)	학습목표 3 (문화이해)	문형 이해
• 여격주어구문의 특성을 이해한다. • 청유형 문장을 익힌다. • **बिना** 용법을 이해한다.	망고의 나라	• 여격주어 + 명사(감정/신체상태) + **होना** 동사 • 여격주어 + 명사(대상) + 형용사 + **लगना** 동사 • 청유형
• **होना** 동사의 미래시제와 과거시제를 익힌다. • 비교급을 표현한다. • 최상급을 표현한다.	계절과 기후	• **होना** 동사의 과거형 • **होना** 동사의 미래형 • 현재 진행형과 과거 진행형
• 미래시제(확정미래) 문장을 만들 수 있다. • 연결어미를 활용한 독립 부사구 문장을 만들 수 있다. • 동사의 불규칙 변화를 이해한다.	크리켓	• 미래시제(확정미래): 규칙 • 미래시제(확정미래): 불규칙 • 독립 부사구
• 부정사의 용법을 이해한다. • 과거 미완료(과거습관) 문장을 만들 수 있다.	인도 차, 짜이	• 과거미완료(동사 어간 + **-ता/-ते/-ती** + **होना** 동사의 과거형) • 부정사 • 부정사 사격 + 후치사
• **मिलना** 동사가 사용되는 여격주어구문을 이해한다. • **चाहिए** 구문을 이해한다. • 접사 **-सा**를 활용하여 유사성을 나타낼 수 있다.	인도식 백반, 탈리	• 여격주어 + 부정사(자동사) + **चाहिए** • 여격주어 + 부정사(타동사) + **चाहिए**
• 조동사 **सकना**의 용법을 익힌다. • 여격주어구문을 사용하여 '알다'를 표현한다. • 관계형용사 **जैसा**를 활용하여 문장을 만들 수 있다.	달콤한 미타이	• 여격주어 + 명사/부정사 + **मालूम होना** • 여격주어 + 명사/부정사 + **आना** 동사

पाठ 01

नमस्ते।
안녕하세요.

학습목표

- 기본적인 인사 표현을 할 수 있다.
- 서로에게 안부를 묻고 답할 수 있다.
- 의문사를 사용하여 질문할 수 있다.
- 대명사와 होना 동사 간의 일치를 이해한다.
- -आ로 끝나는 형용사의 성 · 수 변화를 이해한다.

क्या आपका कोई भारतीय मित्र है?	인도인 친구가 있나요?
हिंदी में अभिवादन कैसे करते हैं?	힌디어로 어떻게 인사하나요?
क्या आप 'नमस्ते' का अर्थ जानते हैं?	'나마스떼'의 의미를 아나요?
हिंदी में किसी का हाल-चाल पूछ सकते हैं?	힌디어로 안부를 물을 수 있나요?

대화 1

सुजी	नमस्ते, सर।
수지	안녕하세요, 교수님.
प्रो॰ अनिल	नमस्ते, सुजी। तुम कैसी हो?
아닐 교수	안녕, 수지야. 너 어떻게 지내니?
सुजी	मैं ठीक हूँ। आप कैसे हैं?
수지	저는 잘 있어요. (교수님은) 어떠세요?
प्रो॰ अनिल	मैं भी ठीक हूँ।
아닐 교수	나도 잘 있단다.

기본 어휘 1

आप	대명사	당신(2인칭 존칭); 당신들
कैसा	의문형용사	어떠한, 어떤 상태로
जी	불변화사	씨, 님(공경하는 뜻으로 부르기 위해 이름, 성, 지위 뒤에 붙이는 경칭)
ठीक	형용사/ 부사	옳은, 적당한/ 잘, 좋게; 적절하게
तुम	대명사	너; 너희들
नमस्ते	명사 (남)/ 감탄사	안녕, 안녕하세요
प्रो० /प्रोफ़ेसर	명사 (남)	교수
भी	불변화사	~도, 또한, 역시
मैं	대명사	나, 저
अनिल	명사 (남)	바람; 아닐(남자 이름)
सर	명사 (남)	선생님(남성을 부를 때 사용하는 경칭)
हूँ	동사 (자)	होना 동사의 1인칭 단수 대명사(मैं)의 현재형
हैं	동사 (자)	होना 동사의 1인칭 복수 대명사(हम), 2인칭 복수 대명사(आप), 3인칭 복수 대명사(ये, वे) 등의 현재형
हो	동사 (자)	होना 동사의 2인칭 복수 대명사(तुम)의 현재형

문법 설명 1

인칭 대명사와 होना 동사의 현재형

인칭	단수		복수	
1인칭	मैं 나	हूँ	हम 우리	हैं
2인칭	तू 너	है	तुम 너; 너희	हो
			आप 당신(2인칭 존칭); 당신들	हैं
3인칭	यह 이 사람; 이것; 이 वह 그; 그녀; 그것; 그	है	ये 이들; 이분; 이것들; 이 वे 그들; 그녀들; 그분; 그것들; 그	हैं

होना 동사는 '이다, 있다, 되다' 등을 의미하는 일반동사로, 시제를 나타내는 조동사로 그리고 의미와 시제를 동시에 나타내는 연결동사로 쓰인다.

-आ로 끝나는 형용사

	남성	여성
단수	**कैसा**	**कैसी**
복수	**कैसे**	**कैसी**

-आ로 끝나는 형용사는 성·수·격에 따라 변화하고, -आ로 끝나지 않는 형용사는 변화하지 않는다.

-आ로 끝나지 않는 형용사

	남성	여성
단수	**ठीक**	**ठीक**
복수	**ठीक**	**ठीक**

-आ로 끝나지 않는 형용사는 변화하지 않는다.

대화 2

जीमिन	नमस्कार, मैडम।
지민	안녕하십니까? 교수님.
डॉ॰ ज्योति	नमस्ते। जीमिन, क्या हाल है?
죠띠 박사	안녕. 지민아, 어떻게 지내니?
जीमिन	सब ठीक है, मैम। और आप कैसी हैं?
지민	다 좋아요, 교수님. 교수님은 어떠세요?
डॉ॰ ज्योति	मैं अच्छी हूँ। वह लड़की कौन है?
죠띠 박사	잘 지낸단다. 저 여자애는 누구니?
जीमिन	वह युकी है। वह जापानी है।
지민	쟤는 유키예요. 일본인이고요.
डॉ॰ ज्योति	अच्छा।
죠띠 박사	그렇구나.

기본 어휘 2

अच्छा	형용사/ 부사/ 감탄사	좋은/ 잘, 좋게/ 음, 자, 그럼 (동의, 납득, 결의, 놀람 등의 반응을 나타내는 감탄사)
और	접속사/ 부사/ 형용사	그리고, ~와/ 더/ 그 밖에, 다른
कौन	의문대명사	누구
क्या	의문대명사/ 의문형용사	무엇/ 무엇의, 무슨
जापानी	형용사/ 명사 (남)/ 명사 (여)	일본의/ 일본인/ 일본어
ज्योति	명사 (여)	빛, 광채; 죠띠(여자 이름)
धन्यवाद	명사 (남)/ 감탄사	감사/ 고맙습니다(감사의 표현)
नमस्कार	명사 (남)/ 감탄사	경례, 인사/ 안녕하십니까(정중한 인사말)
नहीं	불변화사	아니(묻는 말에 부정하여 대답할 때 쓰는 말); 안
मैडम	명사 (여)	여사, 부인, 사모님(모르는 여성을 부를 때 사용하는 경칭)
मैम	명사 (여)	여사, 부인, 사모님(모르는 여성을 부를 때 사용하는 경칭)
लड़की	명사 (여)	여자아이, 소녀; 딸; 여학생
वह	대명사/ 형용사	그; 그녀; 저 사람(3인칭 단수); 저것, 그것(지시)/ 저; 그
सब	대명사/ 형용사	모두/ 모든
हाल	명사 (남)	형편, 상황
हाँ	불변화사	네, 응(부름에 답하거나 묻는 말에 긍정하여 답할 때 쓰는 말)
है	동사 (자)	**होना** 동사의 2인칭 단수 대명사(**तू**), 3인칭 단수 대명사(**यह**, **वह**) 등의 현재형

문법 설명 2

✔ 일반 의문문 의문표지

의문표지 **क्या**를 문장의 맨 앞에 사용하여 일반 의문문을 만든다.

क्या आप ठीक हैं? 　　'잘 지내시죠?'

✔ 설명 의문문 의문사

누구(**कौन**), 무엇(**क्या**), 언제(**कब**), 어디(**कहाँ**), 어떻게(**कैसे**), 왜(**क्यों**) 등의 의문사를 사용하여 설명 의문문을 만든다.

आप कौन हैं? 　　'누구세요?'

✔ [주어 + 형용사 + होना 동사]

<table>
<tr><th colspan="4">단수</th><th colspan="4">복수</th></tr>
<tr><th>인칭</th><th>남성</th><th>여성</th><th>होना</th><th>인칭</th><th>남성</th><th>여성</th><th>होना</th></tr>
<tr><td>मैं</td><td rowspan="4">अच्छा</td><td rowspan="4">अच्छी</td><td>हूँ</td><td>हम</td><td rowspan="4">अच्छे</td><td rowspan="4">अच्छी</td><td>हैं</td></tr>
<tr><td rowspan="2">तू</td><td rowspan="2">है</td><td>तुम</td><td>हो</td></tr>
<tr><td>आप</td><td>हैं</td></tr>
<tr><td>वह</td><td>है</td><td>वे</td><td>हैं</td></tr>
</table>

✔ [주어 + 명사 + होना 동사]

<table>
<tr><th colspan="4">단수</th><th colspan="4">복수</th></tr>
<tr><th>인칭</th><th>남성</th><th>여성</th><th>होना</th><th>인칭</th><th>남성</th><th>여성</th><th>होना</th></tr>
<tr><td>मैं</td><td rowspan="4">लड़का</td><td rowspan="4">लड़की</td><td>हूँ</td><td>हम</td><td rowspan="4">लड़के</td><td rowspan="4">लड़की/
लड़कियाँ</td><td>हैं</td></tr>
<tr><td rowspan="2">तू</td><td rowspan="2">है</td><td>तुम</td><td>हो</td></tr>
<tr><td>आप</td><td>हैं</td></tr>
<tr><td>वह</td><td>है</td><td>वे</td><td>हैं</td></tr>
</table>

문형 이해하기

1. 주어 + (불변) 형용사 + होना 동사

<table>
<tr><td>मैं</td><td rowspan="9">व्यस्त
ठीक
सुंदर
बढ़िया</td><td>हूँ</td></tr>
<tr><td>तुम</td><td>हो</td></tr>
<tr><td>तू</td><td rowspan="3">है</td></tr>
<tr><td>यह</td></tr>
<tr><td>वह</td></tr>
<tr><td>हम</td><td rowspan="4">हैं</td></tr>
<tr><td>आप</td></tr>
<tr><td>ये</td></tr>
<tr><td>वे</td></tr>
</table>

2. 주어 + -आ로 끝나는 형용사 + होना 동사

<table>
<tr><td>वह लड़का</td><td>कैसा
अच्छा
छोटा</td><td rowspan="2">है</td></tr>
<tr><td>वह लड़की</td><td>कैसी
अच्छी
छोटी</td></tr>
<tr><td>आप (남성)</td><td>कैसे
अच्छे
बड़े</td><td rowspan="2">हैं</td></tr>
<tr><td>आप (여성)</td><td>कैसी
अच्छी
बड़ी</td></tr>
</table>

말하기

1

आप कौन हैं?

मैं कोरियाई हूँ।

मैं भारतीय हूँ।

मैं जापानी हूँ।

मैं अंग्रेज़ हूँ।

मैं चीनी हूँ।

2

तुम कैसे/कैसी हो?

<table>
<tr><td rowspan="5">मैं</td><td colspan="2">अच्छा
अच्छी</td><td rowspan="5">हूँ</td></tr>
<tr><td colspan="2">ठीक-ठाक</td></tr>
<tr><td>भी</td><td>बढ़िया</td></tr>
<tr><td colspan="2">व्यस्त</td></tr>
<tr><td>अच्छा
अच्छी</td><td>नहीं</td></tr>
</table>

3 친구와 서로 안부를 묻고 답해보세요.

듣기

1. 잘 듣고 괄호 안에 주어진 단어를 순서대로 배열하세요.

1) ______________________ (हो कैसे तुम)

2) ______________________ (अच्छा मैं हूँ)

3) ______________________ (है क्या हाल)

2. 잘 듣고 빈칸에 알맞은 단어를 쓰세요.

1) __________ आप __________ हैं?

2) सब __________ है।

3) __________ जापानी है।

3. 주어진 대화를 듣고 각각의 질문에 답하세요.

1) जीमिन कैसा है?

① जीमिन अच्छा है।

② जीमिन अच्छा नहीं है।

2) क्या जीनहो कोरियाई है?

① हाँ, वह कोरियाई है।

② नहीं, वह जापानी है।

3) क्या जीनहो लड़की है?

① हाँ, वह लड़की है।

② नहीं, वह लड़का है।

읽기

1-2. 그림을 보고 질문의 정답을 고르세요.

जीमिन

प्रियंका

राहुल

युमे

1. लड़का कौन है?

① प्रियंका ② राहुल ③ युमे

2. कोरियाई कौन है?

① जीमिन ② प्रियंका ③ राहुल

3-4. 지문을 읽고 문제에 답하세요.

मैं जिमीन हूँ। मैं लड़का हूँ।

तुम सुजी हो। तुम लड़की हो।

हम कोरियाई हैं।

वह लड़का राहुल है। वह बड़ा है।

वह लड़की प्रियंका है। वह छोटी है।

वे भारतीय हैं।

मैं और राहुल अच्छे लड़के हैं।

सुजी और प्रियंका (   ) हैं।

हम सब दोस्त हैं।

3. कोष्ठक की पूर्ति के लिए उचित विकल्प चुनिए।[1)]

① अच्छा लड़का ② अच्छे लड़के

③ अच्छी लड़की ④ अच्छी लड़कियाँ

4. कौन-सा कथन ग़लत है?[2)]

① जीमिन लड़का है। ② सुजी भारतीय है।

③ राहुल बड़ा है। ④ प्रियंका छोटी है।

1) 괄호에 들어갈 알맞은 답을 고르세요.

2) 다음 중 틀린 것을 고르세요.

쓰기

1. 괄호 안에 주어진 단어를 활용하여 작문하세요.

1) 너는(여성) 어떻게 지내니? (कैसा तुम हो)

2) 모든 것이 좋습니다. (ठीक सब है)

3) 당신은 한국 사람입니까? (आप कोरियाई क्या हैं)

2. 괄호 안에 주어진 단어를 활용하여 빈칸을 채우세요.

1) लड़का अच्छा ______ । (होना)

2) ज्योति जी, आप ______ हैं? (कैसा)

3) अनिल जी ______ हैं। (अच्छा)

3. 힌디어로 작문하세요.

1) 나는 남자아이입니다.

2) 너는 여자아이이니?

3) 아닐 씨는 어떻게 지내나요?/어떻습니까?

4) 죠띠 씨는 어떻게 지내나요?/어떻습니까?

5) 당신은 한국인입니까?

6) 나는 인도인이 아닙니다.

7) 안녕하세요.

8) 감사합니다.

9) 그는 누구입니까?

10) 그녀는 유키입니다.

관련 어휘

अंग्रेज़	명사 (남)	영국인
अंग्रेज़ी	형용사/ 명사 (여)	영국의/ 영어
आज	명사 (남)/ 부사	오늘날; 오늘
कोरियाई	형용사/ 명사 (남)/ 명사 (여)	한국의/ 한국인/ 한국어
चीनी	형용사/ 명사 (남)/ 명사 (여)	중국의/ 중국인/ 중국어
छोटा	형용사	작은
डॉ०/डॉक्टर	명사 (남)	의사; 박사
ठीक-ठाक	형용사	옳은, 적당한, 괜찮은
तू	대명사	너
बढ़िया	형용사 (불변)	훌륭한, 탁월한
भारतीय	형용사/ 명사 (남)/	인도의/ 인도인/
यह	대명사/ 형용사	이 사람; 이것/ 이
ये	대명사/ 형용사	이들; 이분; 이것들/ 이
लड़का	명사 (남)	남자아이, 소년; 아들; 남학생
वे	대명사/ 형용사	그들; 그녀들; 그분; 그것들/ 그

व्यस्त	형용사	바쁜, 분주한
शुक्रिया	명사 (남)/ 감탄사	감사/ 감사합니다
सुंदर	형용사	예쁜, 아름다운
हम	대명사	우리

문화이해

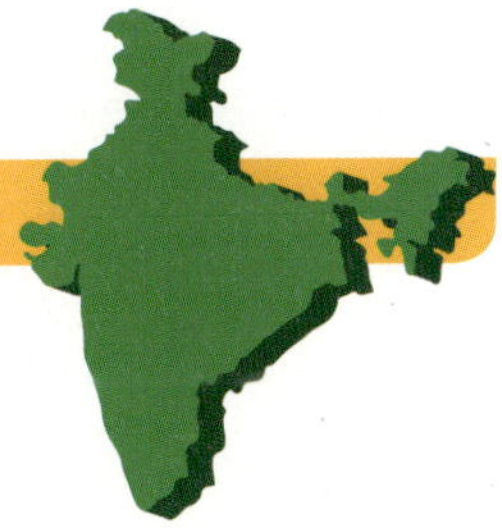

인도인들이 가장 애용하는 인사말은 '당신에게 (고개를) 숙입니다'라는 의미를 가진 '나마스떼(नमस्ते)'입니다. 정중한 인사를 할 때는 합장한 상태에서 말합니다. 만날 때와 헤어질 때 모두 구별 없이 나마쓰떼라고 말합니다. 윗사람에게 인사할 때에는 '나마스떼 지(नमस्ते जी)'라고 말합니다. 여기에서 '지(जी)'는 존경을 나타냅니다. 이슬람교도들은 다른 인사말을 선호합니다. 그들은 '신의 가호'를 의미하는 '살람(सलाम)' 또는 '평화가 함께 하길'의 의미를 갖는 '살람 알라이꿈(सलाम अलैकुम)' 이라는 인사말을 씁니다. 오른손을 자신의 왼쪽 가슴에 대면서 인사합니다. 시크교도들과 뻰잡지역의 일부 힌두교도들은 '신이 진리이다'라는 의미의 '사뜨 슈리 아깔(सत श्री अकाल)'을 인사말로 사용합니다. 그들도 힌두교도들과 마찬가지로 윗사람에게 인사할 때는 합장을 합니다. 인도인들은 또한 '고개 숙이는 행위'라는 의미를 가진 '나마스까르(नमस्कार)'를 사용하기도 합니다. 이 표현은 나마스떼보다 격식을 갖춘 인사말입니다. 인도의 남부 따밀나두 지역에서는 인사말로 '와나깜(வணக்கம்)'이 사용됩니다. 이처럼 인도는 종교와 지역에 따라 다양한 인사 방법이 있습니다. 경우에 따라 구별하여 사용할 수 있으면 좋으나 외국인으로서는 나마스떼 하나로도 무난합니다.

मेमो

पाठ 02

आपका नाम क्या है?
이름이 뭐예요?

학습목표

- 서로의 이름을 묻고 답할 수 있다.
- 직업 및 출신에 대해 말할 수 있다.
- 나이를 묻고 대답할 수 있다.
- 후치사 का와 से를 활용할 수 있다.
- 주어와 동사 간의 일치를 이해한다.

क्या आप हाल ही में किसी से पहली बार मिले थे?	최근에 누군가와 처음 만난 적이 있나요?
क्या आप अपने मित्र की उम्र जानते हैं?	친구의 나이를 아나요?
क्या आप अपना परिचय दे सकते हैं?	자기를 소개할 수 있나요?
क्या भारत में शून्य का आविष्कार हुआ था?	0이 인도에서 발명되었나요?

대화 1

डॉ॰ ज्योति	आपका नाम क्या है?
죠띠 박사	이름이 뭐예요?
सुजी	जी, मेरा नाम सुजी है।
수지	교수님, 제 이름은 수지예요.
डॉ॰ ज्योति	अच्छा। सुजी, आप कहाँ से हैं?
죠띠 박사	그렇군요. 수지는 어디에서 왔어요?
सुजी	मैं सऊल से हूँ।
수지	저는 서울에서 왔습니다.
डॉ॰ ज्योति	आपका स्वागत है।
죠띠 박사	환영해요.
सुजी	धन्यवाद, जी।
수지	고맙습니다, 교수님.

기본 어휘 1

आपका	형용사	당신의(आप과 소유격 후치사 का의 결합 형태)
कहाँ	의문대명사/ 의문부사	어디 / 어디에
का	후치사	~의(소유격)
नाम	명사 (남)	이름
मेरा	형용사	나의(मैं와 소유격 후치사 का의 결합 형태)
सऊल	명사 (남)	서울
से	후치사	~에서, ~부터(탈격); ~(으)로, ~에 의해서(도구격); ~보다(비교)
स्वागत	명사 (남)	환영

문법 설명 1

명사 + 소유격 후치사 का

명사	소유격후치사	명사	뜻
सुजी	का	नाम	수지의 이름
	के	लड़के	수지의 아들들
	की	उम्र	수지의 나이

소유격 후치사 का는 뒤에 오는 명사의 성과 수에 따라 -आ로 끝나는 형용사처럼 변화한다.

대명사 + 소유격 후치사 का

मैं + का	मेरा	हम + का	हमारा
तू + का	तेरा	तुम + का	तुम्हारा
		आप + का	आपका
यह + का	इसका	ये + का	इनका
वह + का	उसका	वे + का	उनका

대명사의 소유격 형태는 위와 같으며, 뒤에 오는 성과 수에 따라 -आ로 끝나는 형용사처럼 변화한다.

대화 2

प्रो० अनिल क्या तुम कोरिया से हो?

아닐 교수 자네는 한국에서 왔나?

जीमिन जी हाँ, मैं कोरिया से हूँ। मैं छात्र हूँ।

지민 네, 저는 한국에서 왔습니다. 학생이고요.

प्रो० अनिल अच्छा, बेटा, तुम्हारा नाम क्या है?

아닐 교수 그렇구나, 얘야. 자네는 이름이 뭔가?

जीमिन मेरा नाम जीमिन है।

지민 제 이름은 지민입니다.

प्रो० अनिल और तुम्हारी उम्र क्या है?

아닐 교수 그리고 자네 나이가 어떻게 되나?

जीमिन मैं बीस साल का हूँ।

지민 저는 스무살입니다.

기본 어휘 2

उम्र	명사 (여)	나이
कोरिया	명사 (남)	한국
छात्र	명사 (남)	남학생
तुम्हारा	형용사	너의(तुम과 소유격후치사 का의 결합 형태)
बीस	형용사	스물, 20
बेटा	명사 (남)	아들
साल	명사 (남)	해, 년(年)

문법 설명 2

후치사 से

후치사 से는 탈격과 도구격으로 쓰이며, 비교를 나타내기도 한다

- 탈격: '~에서, ~부터'

मैं भारत से हूँ। '나는 인도 출신입니다. / 나는 인도에서 왔습니다.'

- 도구격: '~(으)로, ~에 의해서'

मैं बस से आता हूँ। '내가 버스로 옵니다.'

- 비교: '~보다'

जीमिन सुजी से अच्छा है। '지민이 수지보다 착하다.'

대명사/대명형용사

- 대명사

यह किताब है। '이것은 책이다.'

वह किताब नहीं है। '저것은 책이 아니다.'

- 형용사

यह लड़का कौन है? '이 남자아이는 누구인가?'

क्या वह लड़की अच्छी है? '저 여자아이는 착합니까?'

वे लड़के अच्छे हैं। '저 남자아이들은 착합니다.'

문형 이해하기

1. 일반의문문: 의문표지 क्या

<table>
<tr><td rowspan="6">क्या</td><td rowspan="3">वह</td><td>अच्छा</td><td rowspan="3">है?</td></tr>
<tr><td>कोरिया से</td></tr>
<tr><td>लड़का</td></tr>
<tr><td rowspan="3">आप</td><td>अच्छे</td><td rowspan="3">हैं?</td></tr>
<tr><td>भारतीय</td></tr>
<tr><td>ठीक</td></tr>
</table>

2. 설명의문문: 의문사 क्या

<table>
<tr><td>वह</td><td rowspan="3">क्या</td><td rowspan="3">है?</td></tr>
<tr><td>आपका नाम</td></tr>
<tr><td>यह सब्ज़ी</td></tr>
</table>

3. 명사/대명사 + 소유격 후치사 + 명사

<table>
<tr><td>आप</td><td rowspan="2">का</td><td rowspan="3">नाम</td><td rowspan="2">क्या</td><td>है?</td></tr>
<tr><td>छात्र</td><td rowspan="2">है।</td></tr>
<tr><td colspan="2">मेरा</td><td>जीमिन</td></tr>
<tr><td colspan="2">तुम्हारी</td><td rowspan="2">उम्र</td><td rowspan="2">क्या</td><td rowspan="3">है?</td></tr>
<tr><td colspan="2">तेरी</td></tr>
<tr><td>छात्र</td><td>की</td><td>तबीयत</td><td>कैसी</td></tr>
</table>

4. 주어 + 명사 + 소유격 후치사 + होना 동사

वह लड़का	बीस साल	का	है
वह लड़की		की	
आप		के	हैं
हम		की	

말하기

1

आप कौन हैं?

मैं छात्र हूँ।

मैं छात्रा हूँ।

मैं डॉक्टर हूँ।

मैं शिक्षक हूँ।

मैं सरकारी अधिकारी हूँ।

मैं कंपनी कर्मचारी हूँ।

मैं गृहिणी हूँ।

मैं कलाकार हूँ।

2

आप कहाँ से हैं?

मैं	**कोरिया भारत सऊल दिल्ली मुंबई**	**से**	**हूँ**

3

तुम कितने साल के/की हो?

मैं	बीस	साल	का	हूँ
मैं	इक्कीस	साल	की	हूँ

4

वे लड़के/लड़कियाँ कहाँ के/की हैं?

वे	लड़के	सऊल	के	हैं
वे	लड़कियाँ	सऊल	की	हैं

5 친구에게 자신을 소개해보세요.

듣기

1. 잘 듣고 괄호 안에 주어진 단어를 순서대로 배열하세요.

1) ________________ (क्या तुम्हारा नाम है)

2) ________________ (कहाँ लड़की वह से है)

3) ________________ (साल इक्कीस की लड़की है)

2. 잘 듣고 빈칸에 알맞은 단어를 쓰세요.

1) मेरा ____________ सुजी है।

2) सुजी ____________ है?

3) आपका ____________ है।

3. 주어진 대화를 듣고 각각의 질문에 답하세요.

1) जीमिन कहाँ से है?

① जीमिन बुसान से है। ② जीमिन सऊल से है।

2) जीमिन की उम्र क्या है?

① जीमिन की उम्र दस साल है। ② जीमिन की उम्र बीस साल है।

3) क्या जीमिन छात्र है?

① हाँ, वह छात्र है। ② नहीं, वह डॉक्टर है।

읽기

1. 그림과 힌디어 단어를 바르게 연결하세요.

①	②	③	④	⑤	⑥
•	•	•	•	•	•
कर्मचारी	पुलिस	किसान	कलाकार	डॉक्टर	रसोइया

2-4. 지문을 읽고 문제에 답하세요.

नमस्ते। मैं जीमिन हूँ। मैं कोरिया से हूँ।

मैं पुलिस हूँ। मैं तीस साल का हूँ।

तुम्हारा नाम राहुल है। तुम भारतीय हो।

तुम डॉक्टर हो। तुम्हारी उम्र पच्चीस साल है।

वह प्रियंका है। वह भारत से है।

वह अध्यापिका है। (   ) उम्र छब्बीस साल है।

2. कोष्ठक की पूर्ति के लिए उचित विकल्प चुनिए।

① मेरी　　② तेरी

③ उसकी　　④ आपकी

3. राहुल कहाँ से है?

① कोरिया　　② अस्पताल

③ भारत　　④ स्कूल

4. कौन-सा कथन ग़लत है?

① जीमिन पुलिस है।

② जीमिन की उम्र 26 साल है।

③ राहुल डॉक्टर है।

④ प्रियंका भारतीय है।

쓰기

1. 괄호 안에 주어진 단어를 활용하여 작문하세요.

1) 여자아이의 이름은 무엇입니까? (का क्या लड़की नाम है)

____

2) 아샤가 몇 살인가요? (है उम्र क्या की आशा)

____

3) 당신은 어디 출신인가요?/어디에서 왔나요? (कहाँ आप हैं से)

____

2. 괄호 안에 주어진 단어를 활용하여 빈칸을 채우세요.

1) _______________ नाम क्या है? (तुम, का)

2) अनिल जी डॉक्टर _______________ । (होना)

3) लड़के और लड़की बीस साल _______________ हैं। (का)

3. 힌디어로 작문하세요.

1) 당신의 이름은 무엇입니까?

2) 네 이름이 무엇이니?

3) 내 이름은 아닐입니다.

4) 당신은 어디 출신입니까?

5) 나는 델리 출신입니다.

6) 당신은 몇 살입니까?

7) 나는(여성) 스무 살입니다.

8) 당신을 환영합니다.

9) 당신이 서울에서 오셨습니까?

10) 아니요, 나는 서울에서 오지 않았습니다.

관련 어휘

आशा	명사 (여)	희망; 아샤(여자 이름)
इक्कीस	수사	스물하나, 21
इन	대명사/형용사	ये의 사격 형태
इन्हें	대명사	이들을; 이들에게(इन과 대격 · 여격후치사 को의 결합 형태)
इस	대명사/형용사	यह의 사격 형태
इसे	대명사	이를; 이에게(यह와 대격 · 여격후치사 को의 결합 형태)
उन	대명사/형용사	वे의 사격 형태
उन्हें	대명사	그들을; 그들에게(वे와 대격 · 여격후치사 को의 결합 형태)
उस	대명사/형용사	वह의 사격 형태
उसे	대명사	그를; 그에게(वह와 대격 · 여격후치사 को의 결합 형태)
कंपनी कर्मचारी	명사 (남)	회사원
कलाकार	명사 (남)	예술가
कितना	의문사 (형)/감탄사	얼마, 얼마나, 얼마나 많은
को	후치사	~을/를(대격); ~에게(여격)
गृहिणी	명사 (여)	주부
छात्रा	명사 (여)	여학생
तबीयत	명사 (여)	건강

तुझे	대명사	너를; 너에게(तू와 대격 · 여격후치사 को의 결합 형태)
तेरा	형용사	너의(तू와 소유격후치사 का의 결합 형태)
दिल्ली	명사 (여)	델리(인도 지명)
पढ़ना	동사 (타)	읽다, 공부하다
फल	명사 (남)	과일
भारत	명사 (남)	인도
मुंबई	명사 (여)	뭄바이(인도 지명)
शिक्षक	명사 (남)	선생, 교사
सब्ज़ी	명사 (여)	채소
सरकारी अधिकारी	명사 (남)	공무원
हमारा	형용사	우리의(हम과 소유격후치사 का의 결합 형태)
हमें	대명사	우리를; 우리에게(हम과 대격 · 여격후치사 को의 결합 형태)

숫자 0~10

शून्य	एक	दो	तीन	चार	पाँच	छः	सात	आठ	नौ	दस
0	1	2	3	4	5	6	7	8	9	10

문화이해

인도에서 카스트는 무엇을 의미할까요? 카스트라는 말은 계급이나 종족을 의미하는 포르투갈어의 카스타(casta)에서 유래했습니다. 흔히 인도의 사성 계급을 카스트라고 합니다. 카스트를 의미하는 인도어로는 바르나(वर्ण)와 자띠(जाति)를 찾아볼 수 있습니다. 바르나는 사회를 구분하는 기준으로서 힌두경전에 따르면 사회는 브라흐만(ब्राह्मण), 끄샤뜨리야(क्षत्रिय), 바이샤(वैश्य), 슈드라(शूद्र)의 네 바르나로 구성됩니다. 자띠는 보다 세분하여 카스트를 직업, 지역, 혈연 등을 기준으로 분류한 것으로서 가령, 동일한 직업을 가진 집단일지라도 지역이나 혈연 등을 기준으로 다른 자띠로 분류되기도 합니다. 자띠는 3,000여 개가 있다고 합니다. 즉, 브라흐만 등의 각 바르나에는 수백 개씩의 자띠가 있는 것입니다. 오늘날 인도에서 카스트에 대한 인식은 약해지고 있습니다. 카스트는 대체로 개인이 소속된 가문의 성씨를 보면 알 수 있습니다. 그러나 요즘은 성씨보다는 개인의 능력과 사회적 지위, 재산 등이 더 상대의 가치를 인정하는 배경이 됩니다. 이는 인도 국가가 계급 인식을 없애고 평등한 사회를 건설하는 데 많은 정책적 노력을 시행해 온 결과라 할 수 있습니다. 도시지역에서는 정부의 정책과 더불어 자본주의와 도시화 등에 힘입어 카스트에 대한 인식이 거의 소멸되었고 개인에게 미치는 불이익도 찾아보기 힘들지만 농촌지역에서는 아직도 카스트가 사회적 관습으로 삶에 결정적 영향을 주는 수준으로 남아 있는 곳이 많습니다.

मेमो

पाठ 03

ये मेरे भाई-बहन हैं।
이들은 제 형제자매입니다.

학습목표

- 가족을 소개할 수 있다.
- 혈연 및 관계를 표현할 수 있다.
- 현재 미완료 문장을 만들 수 있다.
- 후치사 में의 사용법을 익힌다.
- 명사의 성・수 변화를 이해한다.

क्या आप कोई भारतीय परिवार जानते हैं?	아는 인도 가정이 있나요?
भारतीय संयुक्त परिवार क्या है?	인도 결합 가족이 무엇인가요?
क्या आप हिन्दी में वंश वृक्ष बना सकते हैं?	힌디어로 가계도를 만들 수 있나요?
क्या आप अपने परिवार का परिचय दे सकते हैं?	자기 가족을 소개할 수 있나요?

대화 1

आशा	तुम्हारे परिवार में कौन-कौन हैं?
아샤	너네 가족에는 누구누구 있어?
सुजी	मेरे परिवार में माता जी, पिता जी और मैं हूँ।
수지	우리 가족에는 어머니, 아버지, 그리고 내가 있어.
आशा	अच्छा, तुम्हारे पिता जी क्या करते हैं?
아샤	그래, 너네 아버지는 뭐 하셔?
सुजी	मेरे पिता जी कंपनी में काम करते हैं।
수지	우리 아버지는 회사에서 일 하셔.
आशा	और तुम्हारी माता जी क्या करती हैं?
아샤	그럼 너네 어머니는 뭐 하시고?
सुजी	मेरी माता जी अध्यापिका हैं।
수지	우리 어머니는 선생님이셔.
आशा	वे क्या पढ़ाती हैं?
아샤	뭐 가르치시는데?
सुजी	वे स्कूल में संगीत पढ़ाती हैं।
수지	학교에서 음악을 가르치셔.

기본 어휘 1

अध्यापिका	명사 (여)	(여)선생, 교사
कंपनी	명사 (여)	회사
करना	동사 (타)	하다
काम	명사 (남)	일
कौन-कौन	의문대명사	누구누구
परिवार	명사 (남)	가족
पढ़ाना	동사 (타)	가르치다
पिता	명사 (남)	아버지
बार	명사 (여)	번(番), 차례, 순서; 횟수
माता	명사 (여)	어머니
में	후치사	~에(처소격)
संगीत	명사 (남)	음악
स्कूल	명사 (남)	학교

문법 설명 1

✓ 현재 미완료

현재 미완료는 현재 완료되지 않은 행동이나 일상적인 행동 또는 일반적 사실 등을 나타낸다.

- [동사 어간 + 미완료표지(-ता/-ते/-ती) + होना 동사의 현재형]

<table>
<tr><th colspan="4">단수</th><th colspan="4">복수</th></tr>
<tr><th>인칭</th><th>남성</th><th>여성</th><th>होना</th><th>인칭</th><th>남성</th><th>여성</th><th>होना</th></tr>
<tr><td>मैं</td><td rowspan="4">करता</td><td rowspan="4">करती</td><td>हूँ</td><td>हम</td><td rowspan="4">करते</td><td rowspan="4">करती</td><td>हैं</td></tr>
<tr><td rowspan="2">तू</td><td rowspan="2">है</td><td>तुम</td><td>हो</td></tr>
<tr><td>आप</td><td>हैं</td></tr>
<tr><td>वह</td><td>है</td><td>वे</td><td>हैं</td></tr>
</table>

मैं सुबह जल्दी उठता हूँ। ‘나는 아침 일찍 일어납니다.’

फूल सुंदर होता है। ‘꽃은 아름답습니다.’

후치사 में

후치사 में는 상대적으로 크고 포괄적인 장소나 시간을 나타내는 처소격 후치사로서 '~에', '~ 안에', '~ 안으로' 등의 의미를 나타내며 영어의 in에 가깝다.

- 장소

मैं स्कूल में हिन्दी पढ़ती हूँ।　'내가 학교에서 힌디어를 공부합니다.'

पिता जी भारत में हैं।　'아버지가 인도에 계십니다.'

- 시간

दिन में हम काम करते हैं।　'낮에 우리는 일을 합니다.'

हम साल में दो बार मिलते हैं।　'우리는 일 년에 두 번 만납니다.'

대화 2

जीमिन	मनोज, तुम्हारे कितने भाई-बहन हैं?
지민	마노즈야, 너는 형제자매가 몇이나 되지?
मनोज	मेरी सिर्फ़ एक छोटी बहन है, और तुम्हारे?
마노즈	나는 여동생만 있는데, 너는?
जीमिन	मेरे दो भाई हैं। अच्छा मनोज, अनिल जी के कितने बेटे-बेटी हैं? तुम जानते हो?
지민	나는 형제가 둘이야. 근데 마노즈야, 아닐 교수님은 얘들이 몇 명이야? 너 알아?
मनोज	हाँ, अनील जी के दो बेटे और एक बेटी हैं।
마노즈	응, 아닐 교수님은 아들 둘에 딸이 하나가 있어.
जीमिन	वे लोग कहाँ रहते हैं?
지민	그 사람들 어디에 살아?
मनोज	वे सब दिल्ली में रहते हैं।
마노즈	그들 모두 델리에 살고 있어.

기본 어휘 2

जानना	동사 (타)	알다
बहन	명사 (여)	자매
बेटी	명사 (여)	딸
भाई	명사 (남)	형제
मनोज	명사 (남)	사랑의 신; 마노즈(남자 이름)
रहना	동사 (자)	살다; 머무르다; 지속되다
लोग	명사 (남)	사람들
सिर्फ़	부사	오직, 단지

문법 설명 2

남성명사의 변화

	직격 단수	직격 복수
-आ로 끝나는 경우	**कमरा**	**कमरे**
기타의 경우	**आदमी**	**आदमी**
	स्कूल	**स्कूल**

단어의 끝모음 -आ는 복수에서 -ए로 변하며 그 외의 경우에는 변하지 않는다.

여성명사의 변화

	직격 단수	직격 복수
-ई로 끝나는 경우	**चिट्ठी**	**चिट्ठियाँ**
-इया로 끝나는 경우	**चिड़िया**	**चिड़ियाँ**
기타의 경우	**बहन**	**बहनें**

단어의 끝모음 -ई와 -इया는 복수에서 -इयाँ으로 변하며, 그 외의 경우에는 -एँ으로 변한다.

문형 이해하기

1. (장소) 부사 + 남성명사 + होना 동사

<table>
<tr><td rowspan="16">यहाँ</td><td rowspan="8">एक</td><td>कुत्ता</td><td rowspan="8">है</td></tr>
<tr><td>लड़का</td></tr>
<tr><td>बच्चा</td></tr>
<tr><td>केला</td></tr>
<tr><td>क़लम</td></tr>
<tr><td>आम</td></tr>
<tr><td>आदमी</td></tr>
<tr><td>राजा</td></tr>
<tr><td rowspan="8">बहुत</td><td>कुत्ते</td><td rowspan="8">हैं</td></tr>
<tr><td>लड़के</td></tr>
<tr><td>बच्चे</td></tr>
<tr><td>केले</td></tr>
<tr><td>क़लम</td></tr>
<tr><td>आम</td></tr>
<tr><td>आदमी</td></tr>
<tr><td>राजा</td></tr>
</table>

2. (장소) 부사 + 여성명사 + होना 동사

<table>
<tr><td rowspan="18">बाज़ार में</td><td rowspan="9">एक</td><td>लड़की</td><td rowspan="9">है</td></tr>
<tr><td>बच्ची</td></tr>
<tr><td>सब्ज़ी</td></tr>
<tr><td>कुर्सी</td></tr>
<tr><td>चिड़िया</td></tr>
<tr><td>मेज़</td></tr>
<tr><td>किताब</td></tr>
<tr><td>औरत</td></tr>
<tr><td>छात्रा</td></tr>
<tr><td rowspan="9">बहुत</td><td>लड़कियाँ</td><td rowspan="9">हैं</td></tr>
<tr><td>बच्चियाँ</td></tr>
<tr><td>सब्ज़ियाँ</td></tr>
<tr><td>कुर्सियाँ</td></tr>
<tr><td>चिड़ियाँ</td></tr>
<tr><td>मेज़ें</td></tr>
<tr><td>किताबें</td></tr>
<tr><td>औरतें</td></tr>
<tr><td>छात्राएँ</td></tr>
</table>

3. 현재 미완료(동사 어간 + -ता/-ते/-ती + होना 동사의 현재형)

मेरा भाई	काम करता	है
	हिन्दी पढ़ता	
	रोटी खाता	
मेरी बहन	सऊल में रहती	
	जल्दी उठती	
	स्कूल जाती	
मेरे पिताजी	आराम करते	हैं
	अख़बार पढ़ते	
	फल खाते	
मेरी माताजी	दिल्ली में रहती	
	देर से उठती	
	ऑफ़िस जाती	

말하기

दादा 친할아버지 **दादी** 친할머니 **पिता** 아버지 **माता** 어머니 **चाचा** 삼촌 **चाची** 숙모
भाई 형제 **बहन** 자매 **बेटा** 아들 **बेटी** 딸 **चचेरा भाई** 사촌 형제 **चचेरी बहन** 사촌 자매

1

यह कौन है?

ये कौन हैं?

<table>
<tr><td rowspan="6">यह</td><td rowspan="3">मेरा</td><td>छोटा भाई</td><td rowspan="6">है।</td></tr>
<tr><td>बेटा</td></tr>
<tr><td>चचेरा भाई</td></tr>
<tr><td rowspan="3">मेरी</td><td>छोटी बहन</td></tr>
<tr><td>बेटी</td></tr>
<tr><td>चचेरी बहन</td></tr>
<tr><td rowspan="10">ये</td><td rowspan="5">मेरे</td><td>दादा जी</td><td rowspan="10">हैं।</td></tr>
<tr><td>पिता जी</td></tr>
<tr><td>चाचा जी</td></tr>
<tr><td>बड़े भाई</td></tr>
<tr><td>बेटे</td></tr>
<tr><td rowspan="5">मेरी</td><td>दादी जी</td></tr>
<tr><td>माता जी</td></tr>
<tr><td>चाची जी</td></tr>
<tr><td>बड़ी बहन</td></tr>
<tr><td>बेटियाँ</td></tr>
</table>

2

आपके कितने भाई-बहन हैं?

मेरा	एक	छोटा भाई	है।
मेरी		छोटी बहन	
मेरे	दो	भाई	हैं।
मेरी		बहनें	

3 친구에게 자신의 가족을 소개해보세요.

듣기

1. 잘 듣고 괄호 안에 주어진 단어를 순서대로 배열하세요.

1) ______________________ (के परिवार पाँच पुष्पा में लोग हैं)

2) ______________________ (तीन लड़कियाँ अनिल जी हैं की)

3) ______________________ (की गीता बहन मनोज है)

2. 잘 듣고 빈칸에 알맞은 단어를 쓰세요.

1) तुम्हारे परिवार ____________ कौन-कौन हैं?

2) अनिल जी के दो ____________ हैं।

3) गीता के ____________ भाई हैं?

3. 주어진 대화를 듣고 각각의 질문에 답하세요.

1) ज्योति जी के परिवार में कितने लोग हैं?

① ज्योति जी के परिवार में पाँच लोग हैं।

② ज्योति जी के परिवार में छः लोग हैं।

2) क्या ज्योति जी के परिवार में माता जी हैं?

① जी हाँ, माता जी हैं।

② जी नहीं, माता जी नहीं हैं।

3) ज्योति जी का बेटा क्या करता है?

① वह स्कूल में पढ़ता है।

② वह कंपनी में काम करता है।

읽기

1-2. 그림을 보고 질문의 정답을 고르세요.

1. इस परिवार में कितने लोग हैं? [1]

① दो ② चार

③ छः ④ आठ

2. इस परिवार के संबंध में ग़लत क्या है? [2]

① अंकित रमेश का बेटा है।

② रमेश ज्योति का पति है।

③ अंकित ज्योति की बहन है।

④ ज्योति अंकित की माता है।

---

1) 이 가족은 몇 명인가요?

2) 이 가족에 관해 틀린 것은 무엇인가요?

3-4. 지문을 읽고 문제에 답하세요.

मेरा नाम राहुल है। मेरे परिवार में पाँच लोग हैं – माँ-बाप, बड़ी बहन, छोटा भाई और मैं। पिता जी सरकारी अधिकारी हैं। वे गृह मंत्रालय में काम करते हैं। माता जी कलाकार हैं। वे चित्र बनाती हैं। मेरी बड़ी बहन अध्यापिका हैं। वे स्कूल में पढ़ाती हैं। मेरा छोटा भाई बी.ए. के पहले साल में है। वह हिन्दी (   )।

3. कोष्ठक की पूर्ति के लिए उचित विकल्प चुनिए।

① करता है।
② खाता है।
③ पढ़ाता है।
④ पढ़ता है।

4. कौन-सा कथन ग़लत है?

① राहुल के परिवार में 5 लोग हैं।
② राहुल के पिता जी सरकारी अधिकारी हैं।
③ राहुल की बड़ी बहन कलाकार हैं।
④ राहुल का छोटा भाई विद्यार्थी हैं।

쓰기

1. 괄호 안에 주어진 단어를 활용하여 작문하세요.

1) 우리 가족에는 어머니, 아버지 그리고 제가 있습니다.
(और परिवार मेरा पिता जी माता जी में मैं होना)

2) 아닐 씨에게 딸이 넷입니까? (क्या अनिल जी का चार लड़की है)

3) 나의 아버지는 학교에서 음악을 가르치십니다.
(मेरा पिता जी स्कूल में संगीत सिखाता है)

2. 괄호 안에 주어진 단어를 활용하여 빈칸을 채우세요.

1) ________ परिवार में कितने लोग हैं? (आप, का)

2) मेरे दो ________ हैं। (भाई)

3) मैं सब ________ हूँ। (जानना)

3. 힌디어로 작문하세요.

1) 너희 가족엔 누구누구 있어?

2) 당신에게는 몇 명의 형제가 있습니까?

3) 나는 누이가 한 명 있습니다.

4) 우리 가족에 할머니와 할아버지가 계십니다.

5) 나는 형제가 없습니다.

6) 아닐 씨에게 딸이 셋 있습니다.

7) 저희 아버지가 회사에서 일하십니다.

8) 우리는 학교에서 책을 읽습니다.

9) 선생님이(여성) 음악을 가르치십니다.

10) 아닐 씨가 델리에 살고 있습니다.

관련 어휘

अख़बार	명사 (남)	신문
आदमी	명사 (남)	사람; 남자
आम	명사 (남)/ 형용사	망고/ 일반적인
आराम	명사 (남)	휴식, 쉼
ऑफ़िस	명사 (남)	사무실
उठना	동사 (자)	일어나다
औरत	명사 (여)	여인, 부인
कमरा	명사 (남)	방
क़लम	명사 (남)	펜
किताब	명사 (여)	책, 도서
कुत्ता	명사 (남)	개
कुर्सी	명사 (여)	의자
केला	명사 (남)	바나나
खाना	명사 (남)/ 동사 (타)	음식/ 먹다
गीता	명사 (여)	기따(여자 이름)
चचेरा	형용사	아버지의, 부계의; 친형제의; 자손의
चचेरा भाई	명사 (남)	사촌 형제
चचेरी बहन	명사 (여)	사촌 누이

चाचा	명사 (남)	삼촌, 아저씨
चाची	명사 (여)	숙모, 아주머니
चिड़िया	명사 (여)	새
जल्दी	부사/ 명사 (여)	빨리, 긴급히, 즉시/ 빠름
दादा	명사 (남)	할아버지
दादी	명사 (여)	할머니
देर	명사 (여)	늦음, 지연
दोनों	수사	둘 다
नाना	명사 (남)	외할아버지
नानी	명사 (여)	외할머니
परिचय	명사 (남)	소개
पुष्पा	명사 (여)	꽃; 뿌슈빠(여자 이름)
बच्चा	명사 (남)	어린이; 남자아이
बच्ची	명사 (여)	여자아이
बहुत	형용사/ 부사	많은, 다수의/ 매우, 대단히; 너무
बाज़ार	명사 (남)	시장
बाप	명사 (남)	아빠, 아버지
माँ	명사 (여)	엄마, 어머니
मेज़	명사 (여)	테이블, 상

यहाँ	대명사/ 부사	이곳/ 여기에
राजा	명사 (남)	왕
हिन्दी/ हिंदी	명사 (여)	힌디어

문화이해

인도인들은 전통적으로 대가족을 이루며 살아왔습니다. 결혼한 이후에도 남자 형제들이 부모님과 함께 한 집에서 지냈습니다. 사촌들이 한 울타리 안에서 살았고 할아버지부터 증손자까지 4대가 함께 사는 가정도 많이 볼 수 있었습니다. 그러나 20세기를 지나 21세기에 들어서면서 도시를 중심으로 핵가족 형태로 변하고 있습니다. 도시화에 따른 주거 형태의 변화, 새로운 직업군의 탄생, 다출산에 대한 인식의 변화, 양육 비용의 증가 등 여러 환경적 요인으로 인해 가족 단위의 규모가 줄고 결혼한 형제들이 서로 다른 공간에서 거주하는 형태로 바뀌고 있습니다. 그러나 인도는 가족 간의 유대감 및 결속이 매우 강한 나라입니다. 그리고 혼례와 장례 등의 경조사가 있을 때 수백 킬로미터 먼 곳에 사는 친인척들이 한 가족처럼 모입니다. 인도인들은 사촌이나 팔촌 등의 친척들을 자신의 가족처럼 생각하고 관계를 유지하기 위해 노력합니다. 결혼 풍습을 보면 사회가 많이 변했지만 아직도 연애보다는 어른들의 의사가 반영되는 중매가 대세입니다. 결혼 상대는 기본적으로 동일한 자띠(जाति)의 집안이어야 합니다. 가문과 혈통을 유지하려는 전통적인 관념에는 변함이 없는 것입니다. 이처럼 인도인들의 가족과 가문에 대한 생각은 핵가족 시대에서도 과거와 크게 다르지 않아 보입니다.

पाठ 04

क्या बाज़ार यहाँ से दूर है?
시장이 여기에서 머나요?

학습목표

- 사물의 위치에 대한 표현을 익힌다.
- 거리 및 방향에 대해 표현할 수 있다.
- 명사와 대명사의 격 변화를 이해한다.
- 후치사 पर의 용법을 배운다.
- 복합 후치사를 활용한 문장을 만들 수 있다.

क्या आप भारतीय मित्र के घर गए थे?	인도 친구 집에 가봤나요?
क्या आप घरेलू सामान के नाम हिन्दी में जानते हैं?	집안 물건의 힌디어 이름을 아나요?
आप अनजान जगह में रास्ता कैसे ढूँढ़ेंगे?	모르는 곳에서 어떻게 길을 찾을 건가요?
आपके स्कूल के आसपास क्या-क्या है?	학교 주변에 무엇무엇이 있나요?

대화 1

सुजी	आपका नया फ़्लैट कितना अच्छा है!
수지	새 아파트가 너무 좋아요!
डॉ॰ ज्योति	हाँ, लेकिन मेरे परिवार के लिए काफ़ी छोटा है।
	सिर्फ़ दो कमरे ही हैं।
죠띠 박사	응, 그렇지만 우리 가족한테 꽤 작아.
	방이 겨우 두 개란다.
सुजी	मैडम, इस कमरे में मेज़ पर कुछ किताबें हैं।
	लेकिन मेरी किताब इस पर नहीं है।
수지	교수님, 이 방 책상 위에 책들이 있네요.
	그런데 제 책은 이 위에 없어요.
डॉ॰ ज्योति	तुम्हारी किताब मेरे थैले में है।
죠띠 박사	네 책은 내 가방에 있단다.
सुजी	आपका थैला कहाँ है?
수지	교수님의 가방은 어디에 있나요?
डॉ॰ ज्योति	मेरा थैला मेज़ पर नहीं, उस कुर्सी पर (रखा) है।
죠띠 박사	내 가방은 책상 위엔 없고, 그 의자 위에 (놓여) 있단다.

기본 어휘 1

काफ़ी	형용사/ 부사	충분한, 많은, 상당한/ 꽤, 제법
कुछ	부정대명사/ 부정형용사/ 부사	무언가/ 몇; 약간/ 좀
के अंदर	후치사 (복합)	~의 안에
के ऊपर	후치사 (복합)	~의 위에
के नीचे	후치사 (복합)	~의 아래
के लिए	후치사 (복합)	~을 위하여; ~ 동안; ~를 향해
थैला	명사 (남)	가방
नया	형용사	새로운, 새것의
पर	후치사/ 접속사	~에, ~ 위에/ 그런데; 그러나
फ़्लैट	명사 (남)	플랫, 공동주택, 아파트
रखना	동사 (타)	놓다, 두다
लेकिन	접속사	그러나
ही	불변화사	~만, 단지; 바로(강조)

문법 설명 1

남성명사의 사격 형태

	기본형태	사격 단수	사격 복수
-आ로 끝나는 경우	**कमरा**	**कमरे**	**कमरों**
그 외	**आदमी**	**आदमी**	**आदमियों**
	स्कूल	**स्कूल**	**स्कूलों**

단어의 끝모음 -आ는 사격단수에서 -ए로 변하며 사격복수에서는 -ओं으로 변한다.

여성명사의 사격 형태

	기본형태	사격 단수	사격 복수
-ई로 끝나는 경우	**चिट्ठी**	**चिट्ठी**	**चिट्ठियों**
-इया로 끝나는 경우	**चिड़िया**	**चिड़िया**	**चिड़ियों**
그 외	**बहन**	**बहन**	**बहनों**

사격단수에서는 변화가 없으며, 사격복수에서는 -ओं이 추가되고 기본형태의 장모음은 단모음이 된다.

대명사의 사격 형태

단수		복수	
직격	사격	직격	사격
मैं	**मुझ**	**हम**	**हम**
तू	**तुझ**	**तुम**	**तुम**
		आप	**आप**
यह	**इस**	**ये**	**इन**
वह	**उस**	**वे**	**उन**

✓ 후치사 पर

작은 범주의 특정한 또는 한정된 장소나 시간을 나타내며, 의미나 용법상으로 영어의 on에 가깝다.

मेज़ पर किताब है। ‘책상 위에 책이 있다.’

हम समय पर काम करते हैं। ‘우리는 제시간에 일을 한다.’

대화 2

जीमिन	**यार, मनोज ! क्या बाज़ार यहाँ से दूर है ?**
지민	야, 마노즈! 시장이 여기서 멀어?
मनोज	**नहीं, पास ही है।**
	बैंक और स्कूल के बीच है।
마노즈	아니, 바로 근처야.
	은행과 학교 사이에 있어.
जीमिन	**तो बैंक किधर है ?**
지민	그럼 은행은 어느 쪽이야?
मनोज	**सामने एक पार्क है न ?**
	उसके दायीं ओर अस्पताल है।
	उस अस्पताल के पीछे बैंक है।
마노즈	앞에 공원 있잖아?
	그 오른쪽에 병원이 있고.
	그 병원 뒤가 은행이야.

기본 어휘 2

अस्पताल	명사 (남)	병원
ओर	명사 (여)	쪽, 방향
किधर	의문대명사/ 의문부사	어느 쪽/ 어느 쪽에, 어느 쪽으로
के पीछे	후치사 (복합)	~의 뒤에, ~의 뒤쪽으로
के बीच	후치사 (복합)	~의 사이에
तक	후치사	~까지; ~조차
तो	접속사/ 불변화사	그럼, 그러면/ 그야말로(한정)
दायाँ	형용사	오른쪽의
दूर	형용사/ 부사	먼/ 멀리
न	불변화사	안, 아니
पास	명사 (남)/ 부사	옆, 근처/ 가까이, 근처에
पार्क	명사 (남)	공원
बैंक	명사 (남)	은행
यार	명사 (남)	친구; 애인
सामने	부사	앞에, 정면에

문법 설명 2

✓ 장소와 방향을 나타내는 के 사용 복합후치사

के अंदर	~의 안에	**के पास**	~의 가까이
के बाहर	~의 밖에	**के सामने**	~의 앞에, 정면에
के ऊपर	~의 위에	**के पीछे**	~의 뒤에
के नीचे	~의 아래에	**के बीच**	~의 사이에
के चारों ओर	~의 사방으로	**के दायीं ओर**	~의 오른쪽으로

✓ 장소와 방향을 나타내는 की 사용 복합후치사

की ओर	~의 쪽으로	**की तरफ़**	~의 쪽으로

문형 이해하기

1. 대명사 + से

पिता जी	मुझ	से	प्रेम करते	है।
	तुम		कहते	
	हम		पूछते	

2. 대명형용사 + 형용사 + 명사 + 후치사

इस	छोटे	कमरे	में	क्या है?
		मकान		
उस	छोटी	अलमारी		
		दुकान		
इन	बड़े	कमरों		
		मकानों		
उन	बड़ी	नदियों		
		अलमारियों		

말하기

1

आपके घर के सामने क्या है?

मेरे घर	के सामने	डाकख़ाना	है।
	के पीछे	बड़ा पार्क	
	के बग़ल में	स्कूल	
	के पास	दुकानें	हैं।

2

जीमिन कहाँ है?

वह डाकख़ाने के
पास है।

वह स्कूल के पीछे है।

वह पार्क के
दायीं ओर है।

वह दुकान के
बायीं ओर है।

वह पुस्तकालय
और स्कूल के बीच में है।

3

कमरे के अंदर क्या है?

कमरे	में के अंदर	कुर्सी	है।
		मेज़	
		कई चीज़ें	हैं।

मेज़ पर क्या है?

मेज़	पर	कंप्यूटर	है।
		क़लमदान	
		किताबें	हैं।

कुर्सी के नीचे क्या है?

कुर्सी	के नीचे	कपड़े	हैं।
		खिलौने	

듣기

1. 잘 듣고 괄호 안에 주어진 단어를 순서대로 배열하세요.

   1) (है किधर बस-स्टॉप)

   ____

   2) (नहीं के अस्पताल है पार्क पास)

   ____

   3) (के है डाकख़ाना उस दायीं बैंक तरफ़)

   ____

2. 잘 듣고 빈칸에 알맞은 단어를 쓰세요.

   1) बाज़ार यहाँ से ____________ नहीं है।

   2) ____________ के नीचे एक थैला है।

   3) मेट्रो स्टेशन इधर ____________ है, उधर है।

3. 주어진 대화를 듣고 각각의 질문에 답하세요.

1) अनिल जी के घर में कितने कमरे हैं?

① उनके घर में पाँच कमरे हैं।

② उनके घर में तीन कमरे हैं।

2) क्या अनिल जी का कमरा छोटा है?

① नहीं, उनका कमरा छोटा नहीं है।

② हाँ, उनका कमरा छोटा है।

3) क्या अनिल जी के कमरे में पलंग है?

① जी हाँ, उनके कमरे में पलंग हैं।

② जी नहीं, उनके कमरे में पलंग है।

읽기

1-2. 그림을 보고 질문의 정답을 고르세요.

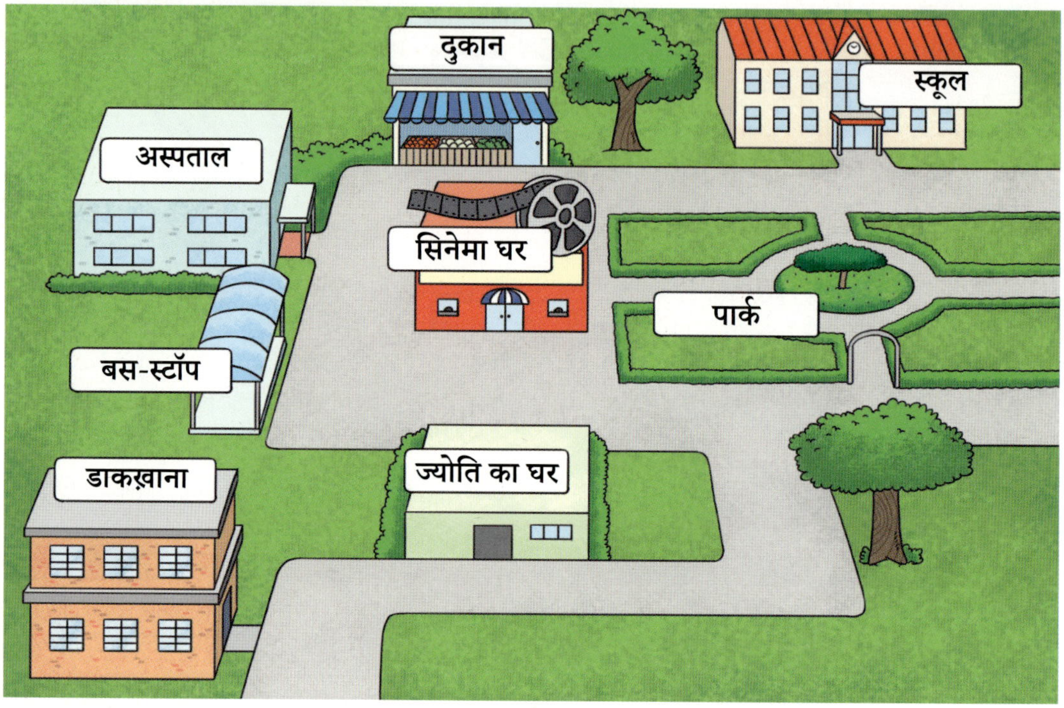

1. सिनेमा घर के दायीं ओर क्या है?

① ज्योति का घर ② पार्क
③ बस-स्टॉप

2. बस-स्टॉप कहाँ है?

① सिनेमा घर के बायीं ओर ② पार्क के दायीं ओर
③ स्कूल के पीछे

3-4. 지문을 읽고 문제에 답하세요.

हमारे क्लासरूम में चार खिड़कियाँ और दो दरवाज़े हैं। दीवार पर व्हाइट बोर्ड है। उस व्हाइट बोर्ड के नीचे एक बड़ी मेज़ है। उस मेज़ पर एक कंप्यूटर और कई किताबें हैं। मेज़ के सामने कई कुर्सियाँ और थैले हैं।

3. कुर्सियाँ कहाँ हैं?

① दीवार पर ② व्हाइट बोर्ड के नीचे

③ बड़ी मेज़ पर ④ बड़ी मेज़ के सामने

4. बड़ी मेज़ पर क्या-क्या है?

① एक कंप्यूटर और कई किताबें ② चार खिड़कियाँ

③ दो दरवाज़े ④ व्हाइट बोर्ड

쓰기

1. 괄호 안에 주어진 단어를 활용하여 작문하세요.

1) 이 책상 위에 책 몇 권이 있습니다. (मेज़ यह पर कुछ किताब है)

2) 그 남자아이들의 학교가 어딘가요? (लड़के स्कूल का है वे कहाँ)

3) 제 책이 그 큰 방에 있습니다. (किताब वह कमरा मेरा में बड़ा है)

2. 괄호 안에 주어진 단어를 활용하여 빈칸을 채우세요.

1) आप ________ घर में क्या है? (का)

2) कमरे में तीन ________ हैं। (खिड़की)

3) बैंक ________ दायीं ओर अस्पताल है। (का)

3. 힌디어로 작문하세요.

1) 방에 무엇무엇이 있습니까?

2) 방에 책상 두 개가 있습니다.

3) 책상 위에 책 세 권이 있습니다.

4) 침대 밑에 가방이 있습니다.

5) 학교 뒤에 공원이 있습니다.

6) 공원 맞은편에 학교가 있습니다.

7) 지하철역이 집에서 멉니까?

8) 아니요, 지하철역은 집에서 가깝습니다.

9) 그 문 위에 그림이 있습니다.

10) 이 방 안에 많은 그림이 있습니다.

관련 어휘

अलमारी	명사 (여)	옷장, 선반
इधर	대명사/ 부사	이쪽/ 이쪽에, 이쪽으로
उधर	대명사/ 부사	그쪽, 저쪽/ 그쪽에, 저쪽에, 그쪽으로, 저쪽으로
कंप्यूटर	명사 (남)	컴퓨터
कई	형용사	몇몇, 다수, 여러
कक्षा	명사 (여)	수업, 교실
कपड़ा	명사 (남)	직물, 천; 옷
क़लमदान	명사 (남)	필통, 펜꽂이
कहना	동사 (타)	말하다
की ओर	후치사 (복합)	~ 쪽으로
के पास	후치사 (복합)	~의 옆에
के बग़ल में	후치사 (복합)	~의 옆에
के सामने	후치사 (복합)	~의 앞에, ~의 정면에
क्लासरूम	명사 (남)	교실
खिड़की	명사 (여)	창문
खिलौना	명사 (남)	장난감
घर	명사 (남)	집, 생가, 주택
चीज़	명사 (여)	물건, 물품

डाकख़ाना	명사 (남)	우체국
तरफ़	명사 (여)	쪽, 방향
दरवाज़ा	명사 (남)	문
दायाँ	형용사	오른쪽의
दीवार	명사 (여)	벽
दुकान	명사 (여)	가게, 상점
पहला	형용사	첫 번째(의); 처음의; 먼저의
पलंग	명사 (남)	침대
पूछना	동사 (타)	묻다
पेड़	명사 (남)	나무
प्रेम	명사 (남)	사랑
बग़ल	명사 (여)	곁, 옆; 옆구리
बड़ा	형용사	큰, 커다란; (나이가) 많은; (지위가) 높은; 중요한
बस-स्टॉप	명사 (남)	버스정류장
बायाँ	형용사	왼쪽의
मकान	명사 (남)	집, 가옥
मुझ	대명사	1인칭 단수 대명사 मैं의 사격 형태
मेट्रो	명사 (남)	지하철, 전철
मेट्रो स्टेशन	명사 (남)	전철역
व्हाइट बोर्ड	명사 (남)	화이트보드(흰색 칠판)
सिनेमा	명사 (남)	영화
सिनेमा घर	명사 (남)	영화관

문화이해

아래 사진은 힌두교 신자의 가정집에 있는 신당입니다. 집에 있는 신당을 힌디어로는 뿌자가르(पूजाघर)라고 합니다. 일반적으로 뿌자가르는 집의 북동쪽에 계단 아래나 화장실 근처, 침실, 지하실 등을 피해서 마련됩니다. 뿌자가르는 거의 모든 힌두 가정집에서 흔히 볼 수 있으며 이곳에는 그들이 선호하는 신이나 신들이 모셔져 있습니다. 그들은 향이나 촛불을 태우면서 간단한 기도문과 함께 아침을 엽니다. 인도 인구의 8할 이상이 힌두교도입니다. 힌두교도 다른 종교처럼 근본에 있어서는 유일신 사상을 견지합니다. 기독교 등과 다른 점은 신은 하나이지만 그 권능과 목적에 따라 여러 모습으로 나타난다고 믿고 그 모습들을 우상화하여 믿음의 대상으로 한다는 점입니다. 유일신 또는 유일자는 우주의 생성 및 순환과 관련하여 삼신으로 구분됩니다. 창조의 신 브라흐마(ब्रह्म), 유지의 신 비슈누(विष्णु), 그리고 파괴의 신 시바(शिव)가 이에 해당됩니다. 이 셋 중에 비슈누와 시바를 중심으로 하는 종파들이 널리 퍼져 있습니다. 힌두사회에서 대중적인 신으로는 시바와 비슈누 외에 아기 코끼리 얼굴과 사람의 몸으로 형상을 이룬 가네샤(गणेश), 시바의 부인이며 힘과 다산 등의 여신 빠르와띠(पार्वती), 비슈누 신의 부인이며 부와 번영의 여신 락슈미(लक्ष्मी), 학문과 예술의 여신 사라스와띠(सरस्वती) 등이 있습니다. 인도에 얼마나 많은 신들이 있는지는 아무도 모릅니다. 베다에는 신의 수가 33이라고 언급되어 있습니다. 그러나 인도인들은 대략 그 수가 3억 3천만이라고 말합니다.

पाठ 05

हम साढ़े छः बजे मिलते हैं।
우리는 6시 30분에 만납니다.

학습목표

- 시간에 대해 묻고 답할 수 있다.
- 요일 및 날짜를 표현할 수 있다.
- 힌디어 숫자를 익힌다.
- 현재 진행형 문장을 만들 수 있다.
- **चाहना** 동사를 활용하여 문장을 만들 수 있다.

होली का त्यौहार इस बार कब है?	이번 홀리 축제가 언제인가요?
क्या आपको समय देखना आता है?	시계를 볼 줄 아나요?
आप अपने मित्र से प्रायः कब मिलते हैं?	친구와 주로 언제 만나나요?
क्या आप हिन्दी में 30 तक गिन सकते हैं?	힌디어로 30까지 셀 수 있나요?

대화 1

मनोज	सुजी, तुम जानती हो? होली आ रही है।
마노즈	수지야, 너 알아? 곧 홀리야.
सुजी	अच्छा, कब?
수지	그래, 언젠데?
मनोज	होली इस साल बीस मार्च को पड़ रही है।
마노즈	홀리가 올해엔 3월 20일이야.
सुजी	बीस मार्च को कौन-सा दिन है?
수지	3월 20일이 무슨 요일이지?
मनोज	शायद बुधवार है।
마노즈	아마도 수요일일 걸.
सुजी	होली में भारतीय लोग क्या करते हैं?
수지	홀리에 인도인들은 뭘 해?
मनोज	हम होलिका जलाते हैं और रंग खेलते हैं।
마노즈	우리는 장작을 태우고 색깔 놀이를 해.

기본 어휘 1

आना	동사 (자)	오다
कब	의문부사	언제
कौन-सा	의문형용사	어떤, 무슨
खेलना	동사 (자)/ 동사 (타)	놀다/ 경기하다
जलाना	동사 (타)	태우다; (불을) 켜다, 피우다
तारीख़	명사 (여)	날짜
दिन	명사 (남)	하루, 날; 낮
बुधवार	명사 (남)	수요일
मार्च	명사 (남)	3월
रंग	명사 (남)	색깔
शायद	불변화사	아마도, 어쩌면
होलिका	명사 (여)	홀리(인도 축제), 장작더미
होली	명사 (여)	홀리(인도 축제)

문법 설명 1

현재 진행형

현재 진행형은 현재 진행 중인 행동이나 가까운 미래에 일어날 일을 나타낸다.

• [동사 어간 + 진행형 표지(रहा/रहे/रही) + होना 동사의 현재형]

단수				복수			
인칭	남성	여성	होना	인칭	남성	여성	होना
मैं			**हूँ**	**हम**			**हैं**
तू	**कर रहा**	**कर रही**	**है**	**तुम**	**कर रहे**	**कर रही**	**हो**
				आप			**हैं**
वह			**है**	**वे**			**हैं**

मैं अभी काम कर रहा हूँ। ‘나는 지금 일하고 있어요.’

हम दिल्ली जा रहे हैं। ‘우리는 델리에 가고 있다.’

요일 (+ को)

सोमवार	**मंगलवार**	**बुधवार**	**बृहस्पतिवार/ गुरुवार**	**शुक्रवार**	**शनिवार**	**इतवार/ रविवार**
월요일	화요일	수요일	목요일	금요일	토요일	일요일

इतवार को ‘일요일에’

सोमवार को ‘월요일에’

✓ 달 (+ में)

जनवरी	फ़रवरी	मार्च	अप्रैल	मई	जून
1월	2월	3월	4월	5월	6월
जुलाई	**अगस्त**	**सितंबर**	**अक्तूबर**	**नवंबर**	**दिसंबर**
7월	8월	9월	10월	11월	12월

जनवरी में 　　'1월에'

फ़रवरी में 　　'2월에'

✓ **날짜 표현**

पहली तारीख़ को 　　'1일에'

दो तारीख़ को 　　'2일에'

तीन तारीख़ को 　　'3일에'

बीस जनवरी 2019 को 　　'2019년 1월 20일에'

जनवरी की बीस तीरीख़ को 　　'1월 20일에'

첫째 날은 서수로 표현한다.

대화 2

मनोज	हेलो, जीमिन। आज शाम को क्या तुम्हारे पास समय है?
마노즈	안녕, 지민아. 오늘 저녁에 시간 있니?
जीमिन	हाँ, लेकिन क्यों पूछ रहे हो?
지민	응, 그런데 왜 물어봐?
मनोज	क्योंकि तुम्हारे साथ फ़िल्म देखना चाहता हूँ।
마노즈	왜냐하면 너랑 영화 보고 싶거든.
जीमिन	ठीक है, कितने बजे हम मिलेंगे?
지민	좋아, 몇 시에 만날까?
मनोज	फ़िल्म सात बजे शुरू होती है। हम सिनेमा-हॉल के सामने साढ़े छः बजे मिलेंगे।
마노즈	영화가 7시에 시작해. 우리 영화관 앞에서 6시 반에 만나자.

기본 어휘 2

के साथ	후치사 (복합)	~와 함께, ~랑 같이
क्यों	의문부사	왜
क्योंकि	접속사	왜냐하면
चाहना	동사 (타)	원하다
देखना	동사 (타)	보다
फ़िल्म	명사 (여)	영화
बजना	동사 (자)	울리다, 소리나다; 연주되다
मिलना	동사 (자)	섞이다; 만나다; 얻어지다, 구해지다
शाम	명사 (여)	저녁
शुरू	명사 (남)/ 형용사	시작, 개시/ 시작한
समय	명사 (남)	시간, 때; 시(時)
साढ़े	수사	+ ½
सिनेमा-हॉल	명사 (남)	영화관

문법 설명 2

✓ चाहना 동사의 용법

• [주어 + 명사/부정사 + चाहना 동사의 현재 미완료]

लड़का	दूध	चाहता है
	पीना	
	दूध पीना	

चाहना '원하다' 동사는 목적어로 명사나 부정사를 취한다.

✓ 숫자 (1-30)

1	2	3	4	5	6	7	8	9	10
एक	दो	तीन	चार	पाँच	छः	सात	आठ	नौ	दस
11	12	13	14	15	16	17	18	19	20
ग्यारह	बारह	तेरह	चौदह	पंद्रह	सोलह	सत्रह	अठारह	उन्नीस	बीस
21	22	23	24	25	26	27	28	29	30
इक्कीस	बाईस	तेईस	चौबीस	पच्चीस	छब्बीस	सत्ताईस	अट्ठाईस	उनतीस	तीस

✓ 하루의 구분

낮	아침	점심	저녁	밤
दिन	सुबह/ सवेरा	दोपहर	शाम	रात

दिन में '낮에'

सुबह (को), सवेरे '아침에'

दोपहर को '점심에'

शाम को '저녁에'

रात को/में '밤에'

문형 이해하기

1. 현재 진행형(동사 어간 + रहा/रहे/रही + होना 동사의 현재형)

मैं	अब इस समय	अख़बार पत्रिका	पढ़	रहा/रही	हूँ।
तू					है।
वह					
यह	दिन-भर रात-भर	रेडियो पर न्यूस कहानी	सुन		
तुम				रहे/रही	हो।
आप	आजकल इन दिनों	क्रिकेट गेम	खेल		हैं।
हम					
वे	कल से	साफ़ आराम	कर		
ये					

2. 주어 + 시간/때 + 동사

मैं	हर साल	पहली अगस्त को दो जनवरी को		पढ़ता/पढ़ती	हूँ।
	हर	शनिवार को सोमवार से शुक्रवार तक			
तुम	हर दिन प्रतिदिन रोज़	ठीक समय पर सुबह		पढ़ते/पढ़ती	हो।
		दोपहर शाम रात	को		

말하기

1

अभी कितने बजे हैं?

अब एक बजा है।

अब डेढ़ बजा है।

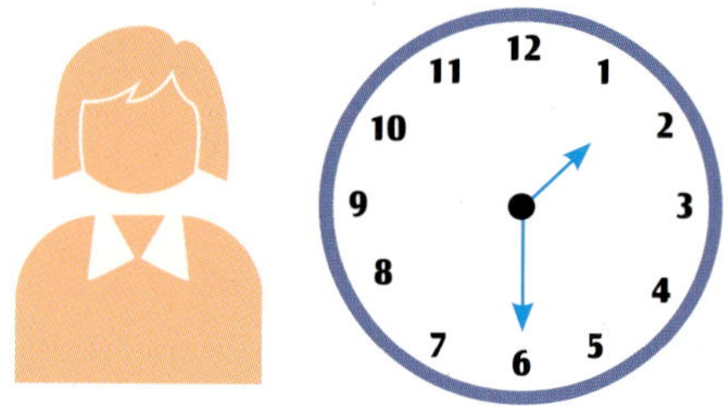

अब दो बजे हैं।

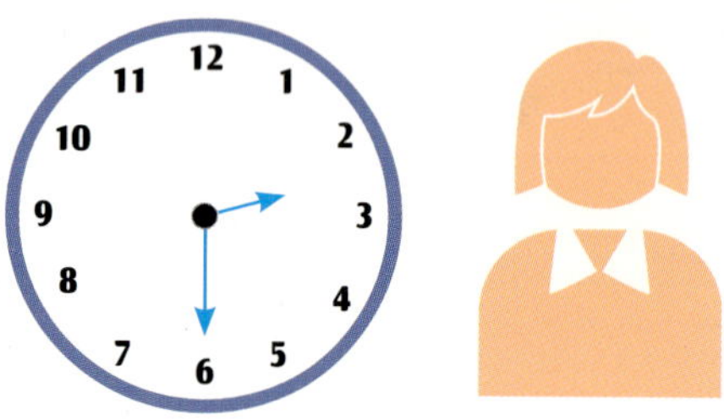

अब ढाई बजे हैं।

अब	साढ़े	तीन	बजे हैं।
	पौने		
	सवा		

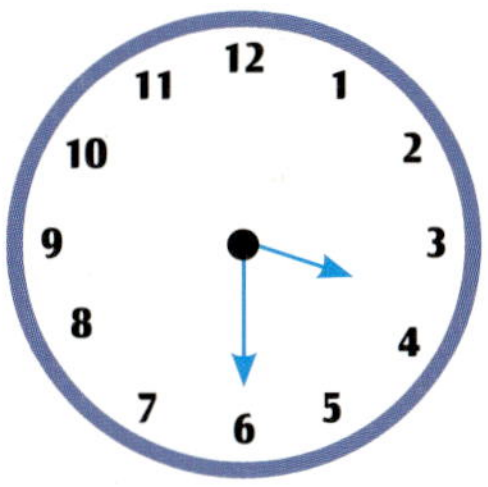

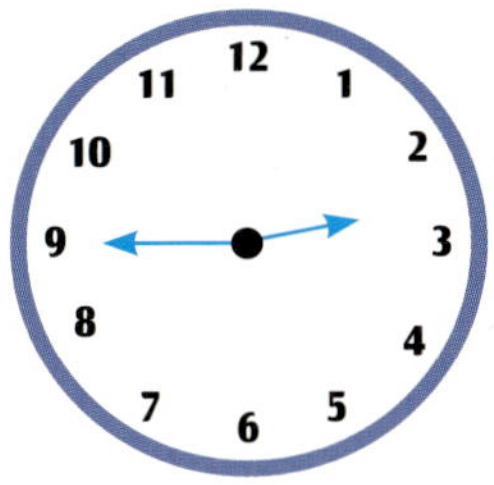

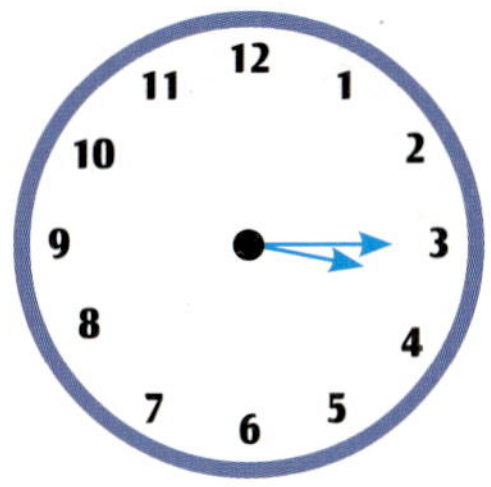

छः बजकर पंद्रह मिनट (हुए) हैं।

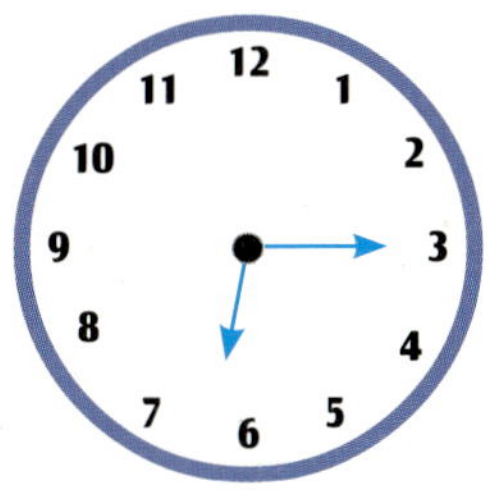

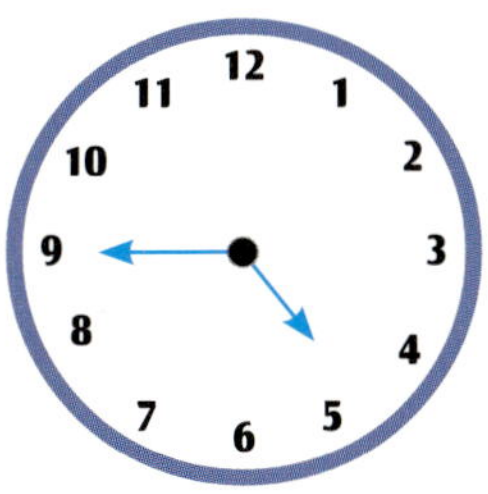

छः बजने में पंद्रह मिनट (बाक़ी) हैं।

2

हिन्दी कक्षा कितने बजे शुरू होती है?

वह	एक	बजे			शुरू होती है।
	डेढ़				
	दो				
	ढाई				
	साढ़े तीन				
	पौने चार				
	सवा पाँच				
	छः	बजकर	दस मिनट	पर	

3 시간과 날짜 표현을 사용하여 친구와 만날 약속을 잡아보세요.

듣기

1. 잘 듣고 빈칸에 알맞은 단어를 쓰세요.

   1) आप __________ कर __________ हैं?

   2) अभी __________ ग्यारह __________ हैं।

   3) इस __________ होली बीस मार्च __________ है।

2. 주어진 대화를 듣고 각각의 질문에 답하세요.

1) आज कौन-सा दिन है?

   ① आज गुरुवार है।

   ② आज बुधवार है।

2) क्रिकेट मैच कितने बजे शुरू होता है?

① सवा पाँच बजे शुरू होता है।

② साढ़े पाँच बजे शुरू होता है।

3) मनोज और सुजी कितने बजे मिलते हैं?

① वे चार बजे मिलते हैं।

② वे साढ़े बजे मिलते हैं।

3. 대화를 듣고 각각의 질문에 답하세요.

1) ① ②

2) ① ②

3) ① ②

읽기

1. 시계와 시간을 옳게 연결하세요.

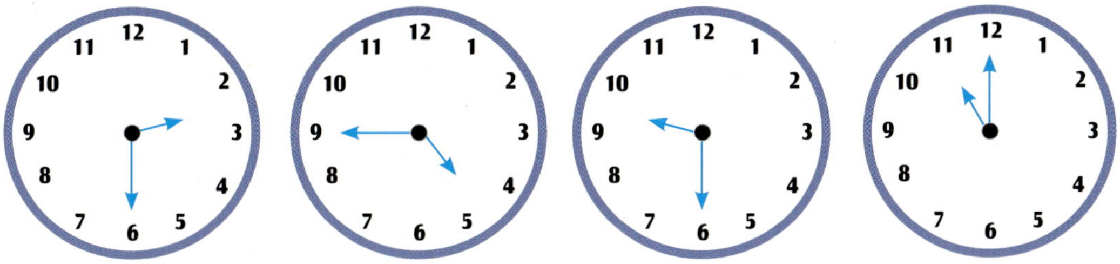

①　　②　　③　　④

ग्यारह बजे　　साढ़े नौ बजे　　पौने पाँच बजे　　ढाई बजे

2. 질문의 정답을 고르세요.

1) सप्ताह में कितने दिन होते हैं?

① छः　　② सात　　③ आठ

2) एक साल में कितने महीने होते हैं?

① दस　　② बारह　　③ चौदह

3) एक दिन में कितने घंटे हैं?

① बारह　　② चौबीस　　③ तीस

3-4. 지문을 읽고 문제에 답하세요.

आज पन्द्रह अगस्त है। आज राष्ट्रीय छुट्टी है। इसलिए आज कक्षा नहीं है। अब जीमिन बस से मॉल जा रहा है। वह मॉल के सामने पौने ग्यारह बजे पर आशा से मिल रहा है। क्योंकि आशा कुछ कपड़े ख़रीदना चाहती है।

3. आज क्या तारीख़ है?

① पंद्रह अगस्त
② राष्ट्रीय छुट्टी
③ पौने ग्यारह बजे
④ कुछ कपड़े

4. जीमिन मॉल कैसे जा रहा है?

① कक्षा में
② बस से
③ मॉल के सामने
④ आशा से

쓰기

1. 괄호 안에 주어진 단어를 활용하여 작문하세요

1) 여자아이가 책을 읽고 있는 중입니다. (किताब लड़की पढ़ना)

2) 지금은 12시 반입니다. (बारह अब होना बजा)

3) 너는(남성) 누구와 함께 가고 싶니? (तुम कौन के साथ जाना चाहना)

2. 틀린 부분을 찾아 바르게 고치세요.

1) छात्र-छात्राएँ अब हिन्दी पढ़ रहा हैं।

2) हिन्दी की कक्षा सुबह साढ़े नौ बजा शुरू होती है।

3) दीवाली इस साल शनिवार में है।

3. 힌디어로 작문하세요.

1) 너 시간 있니?

2) 당신 시간 있으세요?

3) 너 뭐 하고 있어?

4) 나 학교 가고 있어.

5) 나 너와 함께 영화 보고 싶어.

6) 너는 내일 무엇을 하고 싶니?

7) 오늘 무슨 요일이에요?

8) 오늘 며칠이에요?

9) 당신은 몇 시에 일어납니까?

10) 나는 아침 8시 반에 일어납니다.

관련 어휘

अब	명사 (남)/ 부사	이제, 지금
आजकल	명사 (남)/ 부사	요즈음, 요사이; 오늘날, 근래/ 요즈음에; 근래에
इसलिए	접속사	그래서, 그러므로
कल	명사 (남)/ 부사	어제; 내일
कहानी	명사 (여)	이야기
किस	의문대명사/ 의문형용사	**क्या**와 **कौन**의 단수 사격 형태
क्रिकेट	명사 (남)	크리켓
गेम	명사 (남)	경기, 게임
ग्यारह	수사	열하나, 11
छुट्टी	명사 (여)	휴일
डेढ़	수사	$1\frac{1}{2}$, 1.5
ढाई	수사	$2\frac{1}{2}$, 2.5
दिन-भर	부사	종일
दीवाली	명사 (여)	디왈리(인도 축제)
दोपहर	명사 (여)	정오, 점심, 오후
न्यूस/न्यूज़	명사 (남)	뉴스
पत्रिका	명사 (여)	잡지

पंद्रह	수사	열다섯, 15
पौने	수사	$\frac{3}{4}$, $-\frac{1}{4}$
प्रतिदिन	부사	날마다, 매일
बाक़ी	형용사/ 명사 (여)	남은, 남겨진/ 나머지
बेचना	동사 (타)	팔다
मिनट	명사 (남)	분(分)
मॉल	명사 (남)	몰(쇼핑센터)
रात	명사 (여)	밤
रात-भर	부사	밤새
राष्ट्रीय	형용사	국가의, 나라의
रेडियो	명사 (남)	라디오
रोज़	명사 (남)/ 부사	날, 일(日)/ 매일, 날마다
शाम	명사 (여)	저녁
सवा	수사	$1\frac{1}{4}$; $+\frac{1}{4}$
सवेरा	명사 (남)	아침
साफ़	형용사	깨끗한, 청결한; 분명한
सुनना	동사 (타)	듣다
सुबह	명사 (여)	아침
सितार	명사 (남)	씨따르(인도 현악기)

सीखना	동사 (타)	배우다
हर	불변화사	각자의, 각각의, 모든, 매
हर दिन	부사	날마다, 매일

문화이해

인도인들은 현재를 중심으로 시간을 생각한다고 합니다. 그러한 생각은 시간을 나타내는 단어에도 반영되어 있습니다. 가령, 오늘을 중심으로 하루 전과 하루 후인 어제와 내일은 둘 다 깔(कल)이라고 합니다. 그제와 모레는 둘 다 빠르송(परसों), 그리고 그끄제와 글피는 둘 다 나르송(नरसों)입니다. 인도인들의 시간에 대한 관념은 거시적인 것으로 우주의 순환과 연관되어 있습니다. 힌두교의 세계관에 따르면 우주는 끝없는 시간 속에서 생성과 소멸을 반복합니다. 생성과 소멸을 주관하는 브라흐마(ब्रह्म)의 하루는 낮과 밤으로 이루어지는데 2 깔빠(कल्प, 겁(劫))에 해당합니다. 브라흐마의 하루가 지나가는 동안 우주는 생성과 해체의 과정을 거치게 됩니다. 하나의 깔빠는 대략 인간의 시간으로 43억여 년에 해당합니다. 1 깔빠에는 1,000 마하 유가(महा युग)가 있고 각 마하 유가에는 4 유가(युग)가 있습니다. 4 유가를 보면, 순서대로 정의와 질서의 황금시대인 끄리따 유가(कृत युग)/사따 유가(सत युग)로 시작하여, 뜨레따 유가(त्रेता युग)와 드와빠라 유가(द्वापर युग)를 거쳐 마지막으로 불의와 거짓의 시대인 깔리 유가(कलि युग)로 흘러갑니다. 우리가 살고 있는 현재는 '깔리 유가' 즉 말세(末世)에 해당합니다. 이 긴 시간 속에서 생성과 소멸을 반복하는 우주에 잠시 머무르는 인간의 존재를 새삼 뒤돌아보게 하는 시간관념입니다.

पाठ 06

यह आम कितने का है?
이 망고는 얼마입니까?

학습목표

- 물건을 살 수 있다.
- 가격을 묻고 흥정하는 표현을 배운다.
- 힌디어의 명령법을 익힌다.
- 부정대명형용사 **कोई**와 **कुछ**의 용법을 배운다.
- **के पास** 를 활용한 소유에 대한 표현을 익힌다.

आप भारत में बाज़ार कभी गए थे?	인도 시장에 가본 적이 있나요?
आप भारत में क्या ख़रीदना चाहते हैं?	인도에서 무엇을 사고 싶은가요?
भारत में कौन-सी मुद्रा चलती है?	인도에는 어떤 화폐가 통용되나요?
क्या आप हिन्दी में सब्ज़ियों के नाम जानते हैं?	힌디어로 채소들의 이름을 아나요?

대화 1

सुजी	भैया, यह आम कितने का है?
수지	저기요, 이 망고는 얼마짜리예요?
दुकानदार	दो सौ रुपये किलो।
가게주인	1킬로에 200루피요.
सुजी	यह तो बहुत ज़्यादा है। थोड़ा कम कर दो।
수지	이거 너무 비싼데요. 깎아 줘요.
दुकानदार	यह ताज़ा और बढ़िया आम है। इसलिए थोड़ा महँगा है। लेकिन मैं आपको डेढ़ सौ रुपये किलो लगाता हूँ। कुछ और चाहिए?
가게주인	이건 신선하고 좋은 망고예요. 그래서 좀 비싸요. 그런데 손님한테 1킬로당 150루피에 드릴게요. 뭐 더 필요한 거 있어요?
सुजी	एक पपीता दे दो। छोटा वाला मत देना, बड़ा वाला देना।
수지	파파야 한 개 줘요. 작은 것 말고, 큰 걸로 줘요.
दुकानदार	बड़ा वाला पच्चीस रुपये का है।
가게주인	큰 것은 25루피짜리예요.
सुजी	ठीक है, दो दो। सब मिलाकर कितने हुए हैं?
수지	좋아요, 두 개 줘요. 모두 합해서 얼마예요?
दुकानदार	दो सौ रुपये।
가게주인	200루피요.

기본 어휘 1

किलो	명사 (남)	킬로그램
कम	형용사/ 부사	적은/ 적게
चाहिए	자동사 (불변)	필요하다; 해야 한다
ताज़ा	형용사 (불변)	신선한, 싱싱한; 근래의
थोड़ा	형용사/ 부사	약간, 적은/ 조금, 다소
दुकानदार	명사 (남)	가게주인
देना	동사 (타)	주다
पपीता	명사 (남)	파파야
भैया	명사 (남)	(남자를 친근하게 부를 때) 형, 오빠, 남동생; 저기요!
मत	불변화사	아니, 안(명령법에서 쓰이는 부정어)
महँगा	형용사	비싼
रुपया	명사 (남)	루삐(₹, 인도 화폐 단위); 돈
लगाना	동사 (타)	붙이다; 걸다
लेना	동사 (타)	받다, 얻다; 사다
-वाला	접미사	~ 것, ~하는 사람; ~하는; ~할; ~ 관련된
सौ	수사	백, 100
पच्चीस	수사	스물다섯, 25
मिलाना	동사 (타)	섞다; 합치다

문법 설명 1

명령법

• [(तुम) 동사 어간 + 명령법 접사 -ओ]

जाना '가다'	जाओ '가라'	करना '하다'	करो '해라'
आना '오다'	आओ '와라'	खाना '먹다'	खाओ '먹어라'

부정어로는 मत가 쓰이며, 일반적으로 동사 앞에 나타난다.

• [부정사]

상대에게 성급한 느낌을 주지 않는 명령법으로, 상대가 앞으로 해야 할 일을 지시하거나 요청할 때 쓰인다.

यह खाना। '이것을 먹게나.'

वह दे देना। '그것을 주게나.'

• [(तू) 동사 어간]

상대가 तू인 경우는 동사 어간이 쓰인다.

जल्दी आ। '빨리 와.'

- 불규칙형태

पीना '마시다'	पिओ '마셔라'	देना '주다'	दो '주어라'
छूना '만지다'	छुओ '만져라'	लेना '받다'	लो '받아라'

부정대명형용사 कुछ

कुछ는 형태변화를 하지 않으며 대명사 및 형용사로 쓰인다.

- 대명사 कुछ '무언가/어떤 것/아무것'

कुछ खाओ। '뭔가를 먹어라.'

- 형용사 कुछ '몇몇/약간'

कुछ लोग कमरे में हैं। '몇몇 사람들이 방에 있다.'

- 다른 단어와 결합하여 연어를 이룬다

कुछ और '조금 더/뭔가 더'

सब कुछ '모두'

대화 2

सुजी	क्या आपके पास कोई बनारसी साड़ी है?
수지	바라나시 사리 있어요?
दुकानदार	जी हाँ, हमारे पास तरह-तरह की साड़ियाँ हैं।
	यह देखिए, इसे भी देखिए।
가게주인	그럼요, 여러 종류가 있어요.
	이것 봐 봐요, 이것도 보시고.
सुजी	वो लाल वाली साड़ी दिखाइए।
	इसका क्या दाम है?
수지	그 빨간 사리를 보여 줘요.
	이건 얼마예요?
दुकानदार	इसका दाम पचार हज़ार है।
	यह एकदम नये डिजाइन की है, यह लीजिए।
가게주인	25,000루피예요.
	이건 완전히 새로운 디자인이에요. 가져가세요.
सुजी	वाह! यह साड़ी बहुत सुंदर है। यही दीजिए।
수지	와! 이 사리 진짜 아름답네요. 이것으로 주세요.

기본 어휘 2

एकदम	부사	완전히; 훌쩍; 단번에, 즉시
कोई	부정대명사/ 부정형용사/ 부사	누군가, 아무개/ 어떤, 아무런/ 약, 대략
डिजाइन	명사 (남)	디자인
तरह	명사 (여)	종류; 방법
दाम	명사 (남)	가격
दिखाना	동사 (사)	보여주다
पचास	수사	오십, 50
बनारसी	형용사	바나라스(바라나시)의
यही	대명사/ 형용사	바로 이것/ 바로 이(**यह**와 강조사 **ही**의 결합 형태)
लाल	형용사/ 명사 (남)	붉은/ 빨간색
वाह	감탄사	와, 아(감탄과 놀라움)
वो	대명사/ 형용사	**वह**의 구어체(**वह** 참조)
साड़ी	명사 (여)	사리(인도 여성 전통의상)
हज़ार	수사	천, 1,000

문법 설명 2

명령법

• [(आप) 동사 어간 + 명령법 접사 -इए]

जाना '가다'	जाइए '가세요'	खाना '먹다'	खाइए '드세요'
आना '오다'	आइए '오세요'	बैठना '앉다'	बैठिए '앉으세요'

부정어로는 न가 쓰인다.

- 불규칙 형태

करना '하다'	कीजिए '하세요'	देना '주다'	दीजिए '주세요'
पीना '마시다'	पीजिए '마시세요'	लेना '받다'	लीजिए '받으세요'

부정대명형용사 कोई

कोई는 형태변화를 하며 대명사나 형용사로 쓰인다.

	단수	복수
직격	कोई	कोई
사격	किसी	किन्हीं

• 대명사 कोई '누군가/아무개'

घर में कोई है? '집에 누군가 있어요?'

• 형용사 कोई '어떤/아무'

घर में कोई आदमी नहीं है। '집에 아무도 없어요.'

• 다른 단어와 결합하여 연어를 이룬다

कोई और 'तुुं'

कोई और — '누군가/무언가 다른'

कोई भी — '누구도/어떤 ~도'

✓ 소유의 표현 के पास

• [사람 + के पास + 소유 대상 + होना 동사]

राम के पास पैसा है। — '람은 돈이 있다.'

मेरे पास तीन किताबें हैं। — '나한테 세 권의 책이 있다.'

문형 이해하기

1. तू에 대한 명령법(동사 어간)

<table>
<tr><td rowspan="6">तू</td><td>उधर</td><td rowspan="2">(मत)</td><td>जा</td></tr>
<tr><td>यहाँ</td><td>बैठ</td></tr>
<tr><td colspan="2">जल्दी</td><td>कर</td></tr>
<tr><td colspan="2">मुझे पैसा</td><td>दे</td></tr>
<tr><td colspan="2">सस्ता वाला</td><td>ले</td></tr>
<tr><td colspan="2">गरम चाय</td><td>पी</td></tr>
</table>

2. तुम에 대한 명령법(동사 어간 + -ओ)

<table>
<tr><td rowspan="6">तुम</td><td>वहाँ</td><td rowspan="2">(मत)</td><td>जाओ</td></tr>
<tr><td>फल</td><td>खाओ</td></tr>
<tr><td colspan="2">आराम से</td><td>रहो</td></tr>
<tr><td colspan="2">उसे पैसे</td><td>दो</td></tr>
<tr><td colspan="2">महँगा वाला</td><td>लो</td></tr>
<tr><td colspan="2">ठंडा पानी</td><td>पिओ</td></tr>
</table>

3. आप에 대한 명령법(동사 어간 + -इए/-इएगा)

<table>
<tr><td rowspan="7">आप</td><td>इधर</td><td rowspan="2">(न)</td><td>जाइए/जाइएगा</td></tr>
<tr><td>आलू
प्याज़
सेब
अनार</td><td>खाइए/खाइएगा</td></tr>
<tr><td colspan="2">यह काम</td><td>कीजिए/कीजिएगा</td></tr>
<tr><td colspan="2">दुकानदार को</td><td>दीजिए/दीजिएगा</td></tr>
<tr><td colspan="2">छाता/छतरी</td><td>लीजिए/लीजिएगा</td></tr>
<tr><td colspan="2">दूध</td><td>पीजिए/पीजिएगा</td></tr>
</table>

말하기

1

<table>
<tr><td>यह आम</td><td></td><td rowspan="2">कितने</td><td>का</td><td rowspan="4">है?</td></tr>
<tr><td>वह किताब</td><td></td><td>की</td></tr>
<tr><td colspan="2">सब मिलाकर</td><td>कितना</td><td>(हुआ)</td></tr>
<tr><td>इसका</td><td>दाम</td><td colspan="2">क्या</td></tr>
<tr><td colspan="4">कितना</td><td>?</td></tr>
</table>

<table>
<tr><td colspan="2" rowspan="2">एक किलो आम</td><td rowspan="2">दो सौ रुपये</td><td colspan="2">में</td><td>ले लीजिए।</td></tr>
<tr><td colspan="2">का</td><td rowspan="2">है।</td></tr>
<tr><td>वह छतरी</td><td colspan="2">पच्चास रुपये</td><td colspan="2">की</td></tr>
<tr><td colspan="2">सब मिलाकर</td><td colspan="2">हज़ार रुपये</td><td>(हुए)</td><td>हैं।</td></tr>
<tr><td colspan="5">एक सौ चालीस</td><td rowspan="2">है।</td></tr>
<tr><td>उसका</td><td>दाम</td><td colspan="3">एक लाख</td></tr>
</table>

<table>
<tr><td>यह आम</td><td>बहुत</td><td>महँगा है।</td></tr>
<tr><td>वह छतरी</td><td>बहुत</td><td>महँगी है।</td></tr>
<tr><td>(इससे)</td><td colspan="2">सस्ता वाला दिखाइए।</td></tr>
<tr><td colspan="3">थोड़ा कम कीजिए।</td></tr>
<tr><td colspan="3">इतना ज़्यादा क्यों ले रहे हैं?</td></tr>
<tr><td colspan="3">कोई छूट मिलेगी?</td></tr>
</table>

2 친구와 역할놀이를 하면서 물건을 사고팔아보세요.

듣기

1. 잘 듣고 빈칸에 알맞은 단어를 쓰세요.

1) ____________ मिलाकर ____________ हैं?

2) छोटा ____________ ____________ देना।

3) आपके ____________ ____________ बनारसी साड़ी है?

2. 주어진 대화를 듣고 각각의 질문에 답하세요.

1) सुजी क्या ख़रीदना चाहती है?

① वह थैला ख़रीदना चाहती है।

② वह राजस्थान ख़रीदना चाहती है।

2) थैले का रंग क्या है?

① उसका रंग पीला है।

② उसका रंग नीला नहीं है। सफ़ेद है।

3) सुजी के पास कितने पैसे हैं?

① उसके पास पाँच सौ रुपये हैं।

② उसके पास चार सौ रुपये हैं।

3. 대화를 듣고 각각의 질문에 답하세요.

1) ①　　②

2) ①　　②

3) ①　　②

읽기

1-2. 그림을 보고 질문의 정답을 고르세요.

1. सब्ज़ी की दुकान में क्या है?

① केला

② पपीता

③ गाजर

2. फल की दुकान में क्या है?

① अंगूर

② घीया

③ पालक

3-4. 지문을 읽고 문제에 답하세요.

यहाँ एक बड़ा बाज़ार है। कुछ लोग सामान बेच रहे हैं। फलवाले के पास फल हैं तो सब्ज़ीवाले के पास सब्ज़ियाँ। मनोज पेड़ के नीचे आलू और प्याज़ ख़रीद रहा है। आलू दस रुपये किलो बिक रहा है और प्याज़ पंद्रह रुपये किलो। मनोज के छोटे भाई उसके पास आइसक्रीम खा रहे हैं।

3. दो किलो आलू कितने में मिल रहा है?

① दस रुपये
② पंद्रह रुपये
③ बीस रुपये
④ तीस रुपये

4. आइस्क्रीम कौन-कौन खा रहे हैं?

① फलवाला
② सब्ज़ीवाला
③ मनोज
④ मनोज के भाई

쓰기

1. 괄호 안에 주어진 단어를 활용하여 작문하세요.

1) 빨리 이쪽으로 오세요. (जल्दी आना आप इधर)

2) 당신한테 뭐 좋은 꾸르따가 있을까요? (अच्छा के पास होना आप कुरता कोई)

3) 아무것도 더 필요하지 않아요. (और चाहिए नहीं कुछ)

2. 틀린 부분을 찾아 바르게 고치세요.

1) आप मेरे लिए यह काम न कर।

2) तुम्हारे पास बहुत पैसे हो।

3) वह सस्ती वाला किताब कितने की है?

3. 힌디어로 작문하세요.

1) 망고 1킬로 주세요.

2) 망고는 1킬로당 100루피입니다.

3) 빨간 것을 보여줘.

4) 비싼 것은 필요 없어요, 싼 것 주세요.

5) 다른 거 뭐 필요하세요?

6) 나는 신선한 망고가 필요합니다.

7) 나는 아무것도 필요 없어요.

8) 당신한테 뭐 좋은 꾸르따가 있을까요?

9) 나는 돈이 많지 않아요.

10) 비싸네요, 조금 깎아주세요.

관련 어휘

अनार	명사 (남)	석류
आलू	명사 (남)	감자
इतना	형용사	이만큼
किसी	부정대명사/ 부정형용사	कोई의 단수 사격 형태
कुरता	명사 (남)	꾸르따. 셔츠(옷깃이 없는 상의)
ख़रीदना	동사 (타)	사다, 구매하다
गरम/गर्म	형용사	뜨거운, 따뜻한; 더운; 매운
गोभी	명사 (여)	양배추, 배추
चाय	명사 (여)	짜이(인도식 밀크티), 홍차, 차
छतरी	명사 (여)	우산
छाता	명사 (남)	우산
छूट	명사 (여)	할인; 해제; 공제, 면제
जाना	동사 (자)	가다
जूता	명사 (남)	신발
ज़्यादा	형용사/ 부사	많은/ 매우, 대단히; 많이
टमाटर	명사 (남)	토마토
ठंडा	형용사	차가운; 추운
दूध	명사 (남)	우유

नीला	형용사	파란색
पानी	명사 (남)	물
पीना	동사 (타)	마시다
पीला	형용사	노란색
पैसा	명사 (남)	빼싸(인도 화폐 단위, 100 पैसे = 1 रुपया); 돈
प्याज़	명사 (남)	양파
प्रति-	접두사	매, 각각, ~마다
फलवाला	명사 (남)	과일 장수
बिकना	동사 (자)	팔리다
बैंगन	명사 (남)	가지(채소)
राजस्थान	명사 (남)	라자스탄(인도 지명)
लाख	수사	십만, 100,000
वहाँ	대명사/ 부사	그곳, 저곳/ 거기에, 저기에
सब्ज़ीवाला	명사 (남)	채소 장수
सस्ता	형용사	싼, 저렴한
सामान	명사 (남)	물건, 짐
सेब	명사 (남)	사과(과일)

문화이해

우리가 일반적으로 알고 있는 수긍의 고갯짓은 앞으로 끄덕이는 것이고 반대나 거부는 좌우로 흔들어 표현하는 것입니다. 반면에 인도지역의 사람들은 고개를 좌우로 끄덕여 수긍을 표현합니다. 이 때문에 외국인들은 그 몸짓을 본래 의도와는 반대로 해석하면서 당황하는 경우가 종종 있습니다. 수긍의 고갯짓은 '그렇다', '아마도', '좋아', '이해해' 등의 다양한 의미를 갖습니다. 만일 버스의 목적지가 맞는지 물어볼 때 대답으로 머리를 옆으로 끄덕인다면 그것은 '그렇다'는 뜻입니다. 이 고갯짓은 상대방의 지시나 설명을 이해했다는 의미도 전달합니다. 또한 내일 손님이 방문할 예정이라고 말할 때 상대방이 머리를 좌우로 끄덕인다면, 손님의 방문이 괜찮고 이에 대한 준비를 할 수도 있다는 것을 의미합니다. 다른 한편으로 '감사합니다'를 뜻하기도 하고 친절이나 자비를 표현하기도 합니다. 때로는 이러한 고갯짓이 모호하게 '아니오'를 표현하기도 합니다. 즉 무례하지 않게 부정을 넌지시 표현하고 확고하게 약속하는 것을 피하는 방법으로 사용하기도 합니다. 지역마다 언어가 다르듯이 머리를 흔드는 방법에도 조금씩 차이가 있습니다. 께랄라와 같은 남부 출신 사람들은 열정적으로 고갯짓을 하고 상대적으로 북인도 산간지방의 사람들은 약하게 합니다. 하지만 수긍과 반대의 의미를 통합적으로 보여주는 이 고갯짓은 인도의 전 지역에서 통용되는 몸짓 언어입니다.

पाठ 07

क्या तुम्हें तंदूरी चिकन पसंद है?
너 딴두리 치킨 좋아하니?

학습목표

- 좋아함과 싫어함을 표현할 수 있다.
- 기쁨과 슬픔에 대한 표현을 배운다.
- 여격주어구문의 특성을 이해한다.
- 청유형 문장을 익힌다.
- **बिना**의 용법을 이해한다.

अपनी पसंद और नापसंद कैसे व्यक्त करते हैं?	좋고 싫음을 어떻게 표현하나요?
गरमियों में कौन-सा फल खाना पसंद है?	여름에 무슨 과일 먹는 걸 좋아해요?
मनुष्य की अनुभूतियाँ किस प्रकार की हैं?	사람은 어떤 감정을 갖고 있나요?
आप दूसरों से अनुमति कैसे माँगते हैं?	어떻게 청유할 수 있나요?

대화 1

जीमिन मुझे बहुत तेज़ भूख लग रही है।

हम कुछ खाने चलें?

지민 나 너무 배고파.

우리 뭐 좀 먹으러 갈래?

सुजी चलो! क्या तुम्हें तंदूरी चिकन पसंद है?

수지 가자! 너 딴두리 치킨 좋아하니?

जीमिन नहीं, मुझे पसंद नहीं है, वह बहुत मसालेदार होता है।

지민 아니, 나 좋아하지 않아, 양념이 너무 자극적이야.

सुजी तो तुम्हें भारतीय खाने में क्या अच्छा लगता है?

수지 그럼 너는 인도 음식 중에 무엇을 좋아하니?

जीमिन मैं सांभर के साथ डोसा खाना पसंद करता हूँ।

지민 나는 삼바르랑 도사 먹는 걸 좋아해.

सुजी मुझे भी डोसा पसंद है।

चलो, डोसा खाते हैं।

수지 나도 도사 좋아해.

자, 도사 먹자.

기본 어휘 1

चलना	동사 (자)	걷다, 움직이다, 가다
डोसा	명사 (남)	도사(쌀 반죽과 콩 반죽을 섞어 얇게 구워 낸 음식)
तंदूरी चिकन	명사 (여)	흙으로 만든 화덕인 탄두르에 구운 양념 닭요리
तुम्हें	대명사	너를; 너에게(तुम과 목적격 · 여격후치사 को의 결합 형태)
तेज़	형용사/ 부사	날카로운, 예리한; 격렬한, 빠른/ 빠르게
पसंद	명사 (여)/ 형용사	좋아함, 기호/ 좋아하는
भूख	명사 (여)	배고픔, 허기
मसालेदार	형용사	양념이 센
मुझे	대명사	나를; 나에게(मैं와 목적격 · 여격후치사 को의 결합 형태)
लगना	동사 (자)	붙다; 느끼다; ~인 것 같다; 걸리다
सांभर	명사 (남)	삼바르(콩과 채소를 끓여낸 음식)
साथ	명사 (남)/ 부사	동반/ 함께, 같이

문법 설명 1

☑ 여격주어구문

감정, 신체상태, 대상에 대한 느낌 등은 여격주어, 즉 [주어 + 후치사 को]를 사용하여 표현하는데, 동사는 느낌 또는 느낌의 대상을 나타내는 명사에 일치한다.

• [여격주어 + 명사(감정/신체상태) + होना 동사/लगना 동사]

राम को ख़ुशी है। ‘람이 기쁘다.’

राम को ख़ुशी हो रही है। ‘람이 기뻐하고 있다.’

राम को भूख है। ‘람이 배고프다.’

राम को भूख लग रही है। ‘람이 허기를 느끼고 있다.’

• [여격주어 + 명사(대상) + 형용사 + होना 동사/लगना 동사]

राम को यह घर पसंद है। ‘람은 이 집이 마음에 든다.’

राम को यह घर अच्छा लगता है। ‘람에게 이 집이 좋게 여겨진다.’

(मुझे) तुम सुंदर लगती हो। ‘(나에게) 너는 예뻐 보인다.’

☑ 청유의 표현

청유는 상대에게 같이 행동할 것을 요청하는 것으로 주어가 हम이나 आप에 해당하는 [동사 어간 + -एँ]의 형태가 자주 쓰인다.

हम चलें।　'우리 갑시다.'

आप खाएँ।　'식사합시다/식사하세요.'

☑ 목적의 표현

동사 행위의 목적이 되는 행동은 [부정사 사격 + के लिए/को]의 형식으로 표현하며, 본동사가 이동동사일 경우, 후치사는 일반적으로 생략한다.

वह खाना खाने के लिए आता है।　'그가 음식을 먹으러 온다.'

वह फ़िल्म देखने को आता है।　'그가 영화를 보러 온다.'

वह दोस्तों से मिलने जाता है।　'그가 친구들을 만나러 간다.'

대화 2

수지	आशा, क्या हुआ? तुम बहुत ख़ुश लग रही हो।
수지	아샤, 무슨 일이야? 너 굉장히 기뻐 보여.
आशा	मैं अगले महीने आदान-प्रदान कार्यक्रम के तहत कोरिया जा रही हूँ।
아샤	내가 다음 달에 교환 프로그램으로 한국에 가거든.
सुजी	वाह! यह सुनकर मुझे भी ख़ुशी हो रही है। मुबारक हो।
수지	와! 그 얘기 들으니 나도 기쁘네. 축하해.
आशा	लेकिन मुझे चिंता भी हो रही है।
아샤	그렇지만 걱정되기도 해.
सुजी	क्यों?
수지	왜?
आशा	क्योंकि परिवार के बिना अकेले रहना थोड़ा मुश्किल है।
아샤	왜냐하면 가족 없이 혼자 지낸다는 게 좀 힘들잖아.
सुजी	चिंता मत करो। कोरिया में मज़ा आएगा।
수지	걱정하지 마. 한국에서 재미있을 거야.

기본 어휘 2

अकेले	부사	혼자, 홀로
अगला	형용사	다음의
आदान-प्रदान	명사 (남)	교환, 주고받기
कार्यक्रम	명사 (남)	프로그램, 계획
के तहत	후치사 (복합)	~ 하에, ~의 아래에
के बिना	후치사 (복합)	~ 없이
ख़ुश	형용사	기쁜, 행복한
ख़ुशी	명사 (여)	기쁨
चिंता	명사 (여)	걱정, 근심
बात	명사 (여)	말, 이야기; 일, 사건
मज़ा	명사 (남)	재미, 즐거움
महीना	명사 (남)	달, 월(月)
मुबारक	형용사	길조의, 상서로운
मुश्किल	명사(여)/ 형용사	어려움, 곤란/ 어려운

문법 설명 2

✓ बिना의 용법

बिना '~ 없이'는 बिना ~, के बिना, बिना ~ के의 세 가지 형식을 가지며 뜻은 동일하다.

बिना चिंता '걱정 없이'

चिंता के बिना '걱정 없이'

बिना चिंता के '걱정 없이'

✓ 처소격 후치사의 생략

시간을 나타내는 명사 뒤에서 처소격 후치사는 자주 생략된다. 그러나 시간을 나타내는 명사는 사격 형태를 유지한다.

अगले महीने में मैं कोरिया जा रही हूँ। '다음 달에 나는 한국에 갈 것이다.'

अगले महीने मैं कोरिया जा रही हूँ। '다음 달 나는 한국에 갈 것이다.'

✓ 여격주어구문

- [여격주어 + 명사(감정/신체상태) + आना 동사 '오다']

여격주어구문에서 **मज़ा** '재미', **नींद** '졸음', **हँसी** '웃음', **होश** '정신' 등은 **आना** 동사와 잘 어울린다.

मुझे मज़ा आता है। '재미나다.'

मुझे नींद आती है। '졸음이 온다.'

मुझे हँसी आती है। '웃음이 난다.'

मुझे होश आता है। '정신이 든다.'

문형 이해하기

1. 여격주어 + 명사(감정/신체상태) + होना 동사

<table>
<tr><td colspan="2">मुझे</td><td rowspan="2">ख़ुशी</td><td rowspan="13">है।</td></tr>
<tr><td colspan="2">हमें</td></tr>
<tr><td colspan="2">तुझे</td><td rowspan="2">दुःख</td></tr>
<tr><td colspan="2">तुम्हें</td></tr>
<tr><td colspan="2">आपको</td><td rowspan="2">उम्मीद</td></tr>
<tr><td colspan="2">इसे</td></tr>
<tr><td colspan="2">उसे</td><td rowspan="3">आशा</td></tr>
<tr><td colspan="2">इन्हें</td></tr>
<tr><td colspan="2">उन्हें</td></tr>
<tr><td>इस लड़के</td><td rowspan="4">को</td><td rowspan="2">विश्वास</td></tr>
<tr><td>उस लड़की</td></tr>
<tr><td>इन लड़कों</td><td rowspan="2">दिलचस्पी</td></tr>
<tr><td>उन लड़कियों</td></tr>
</table>

2. 여격주어 + 명사(대상) + 형용사 + लगना 동사

<table>
<tr><td rowspan="6">मुझे</td><td>भारत</td><td rowspan="2">अच्छा</td><td rowspan="2">लगता</td><td rowspan="4">है।</td></tr>
<tr><td>आराम करना</td></tr>
<tr><td>बॉलीवुड फ़िल्म</td><td rowspan="2">अच्छी</td><td rowspan="2">लगती</td></tr>
<tr><td>आपकी बात सुननी</td></tr>
<tr><td>नये कपड़े</td><td>बुरे</td><td>लगते</td><td rowspan="2">हैं।</td></tr>
<tr><td>उनकी बातें</td><td>बुरी</td><td>लगती</td></tr>
</table>

3. 청유형

<table>
<tr><td rowspan="3">हम</td><td>शॉपिंग करने</td><td>मॉल</td><td rowspan="4">चलें।</td></tr>
<tr><td>लंच करने</td><td>रेस्तराँ</td></tr>
<tr><td>फ़िल्म देखने</td><td>सिनेमा-हॉल</td></tr>
<tr><td rowspan="3">आप</td><td rowspan="3">मेरे</td><td>साथ</td></tr>
<tr><td>लिए</td><td>करें।</td></tr>
<tr><td>यहाँ</td><td>आएँ।</td></tr>
</table>

말하기

1

आपको क्या पसंद है?

<table>
<tr><td rowspan="5">मुझे</td><td colspan="2">सब</td><td rowspan="2">(नहीं)</td><td rowspan="5">पसंद है।</td></tr>
<tr><td colspan="2">मसालेदार भोजन</td></tr>
<tr><td>ऋतुओं में से</td><td>वसंत</td><td rowspan="3">सबसे ज़्यादा</td></tr>
<tr><td>भारतीय खाने में से</td><td>तंदूरी चिकन</td></tr>
<tr><td>बॉलीवूड फ़िल्मों में से</td><td>थ्री इडियट्स</td></tr>
</table>

2

तुम छुट्टी में क्या करना पसंद करते/करती हो?

<table>
<tr><td rowspan="5">मैं</td><td rowspan="2">छुट्टी में</td><td>सैर करना</td><td rowspan="5">पसंद</td><td rowspan="5">करता/
करती</td><td rowspan="5">हूँ।</td></tr>
<tr><td>दोस्तों से मिलना</td></tr>
<tr><td rowspan="3">वीकेंड में
(सप्ताह के
अंत में)</td><td>घूमना</td></tr>
<tr><td>परीक्षा की तैयारी करना</td></tr>
<tr><td>चिट्ठी लिखना</td></tr>
</table>

3

<table>
<tr><td rowspan="4">मुझे</td><td>प्यास</td><td rowspan="2">लग रही है।</td></tr>
<tr><td>भूख</td></tr>
<tr><td>हँसी</td><td rowspan="2">आ रही है।</td></tr>
<tr><td>नींद</td></tr>
</table>

4

आपको क्या तकलीफ़ है?

<table>
<tr><td rowspan="5">मुझे</td><td rowspan="2">तेज़
बहुत</td><td colspan="2">ज़ुकाम</td><td rowspan="2">है।</td></tr>
<tr><td colspan="2">बुख़ार</td></tr>
<tr><td colspan="3">पेटदर्द</td><td rowspan="3">हो रहा है।</td></tr>
<tr><td>सिर</td><td rowspan="2">में</td><td rowspan="2">दर्द</td></tr>
<tr><td>बदन</td></tr>
</table>

듣기

1. 잘 듣고 빈칸에 알맞은 단어를 쓰세요.

1) यह सुनकर हमें ________ हो ________ है।

2) ________ मसालेदार खाना ________ नहीं है।

3) हम कुछ ________ रेस्तराँ ________ ?

2. 주어진 대화를 듣고 각각의 질문에 답하세요.

1) सुजी क्यों थकी लग रही है?

① क्योंकि कल परीक्षा है।

② क्योंकि कल छुट्टी है।

2) सुजी की परीक्षा कब है?

① उसकी परीक्षा कल है।

② उसकी परीक्षा परसों है।

3) सुजी और आशा क्या करने चल रही हैं?

① वे कुछ खाने चल रही हैं।

② वे कुछ पढ़ने चल रही हैं।

3. 대화를 듣고 각각의 질문에 답하세요.

1) ① ②

2) ① ②

3) ① ②

읽기

1-2 그림과 알맞은 말을 연결하세요.

1.

 ① • उसे ख़ुशी हो रही है।

 ② • उसे दुःख हो रहा है।

 ③ • उसे ग़ुस्सा आ रहा है।

2.

 ① • उसे गरमी लग रही है।

 ② • उसे पेट-दर्द लग रहा है।

 ③ • उसे सर्दी लग रही है।

3-4. 지문을 읽고 문제에 답하세요.

जीमिन छुट्टियों में विदेश घूमना पसंद करता है। वह इस बार भारत जाने की सोच रहा है। वह भारत में ताजमहल देखना चाहता है। क्योंकि उसे शाहजहाँ की कहानी में दिलचस्पी है और भारतीय खाना भी पसंद है। लेकिन उसे नमकीन खाना अच्छा नहीं लगता।

3. जीमिन भारत कब जा रहा है?

① छुट्टियों में ② विदेश में

③ ताजमहल में ④ कहानी में

4. जीमिन को क्या पसंद नहीं है?

① छुट्टियों में विदेश घूमना ② भारत जाने की सोचना

③ ताजमहल देखना ④ नमकीन खाना

쓰기

1. 괄호 안에 주어진 단어를 활용하여 작문하세요.

1) 나는(여성) 영화 보는 것을 좋아합니다. (पसंद मैं फ़िल्म करना देखना होना)

2) 너(남성) 오늘 기뻐 보여. (ख़ुश आज लगना तुम रहना होना)

3) 우리 함께 크리켓 하러 학교에 갈까? (साथ खेलना स्कूल हम क्रिकेट चलना)

2. 틀린 부분을 찾아 바르게 고치세요.

1) मैं छुट्टियों में दिन-भर सोना पसंद है।

2) हमें उसकी बात अच्छा लगती है।

3) क्या तुम्हें भूख लग रहा है?

3. 힌디어로 작문하세요.

1) 나는 슬픕니다.

2) 나는 기쁩니다.

3) 나는 배가 고파요.

4) 너는 갈증이 나니?

5) 당신은 인도 음식을 좋아합니까? (लगना 사용)

6) 나는 인도 노래를 좋아하지 않습니다. (लगना 사용)

7) 그녀는 무엇을 마음에 들어 하나요? (पसंद होना 사용)

8) 너는 어디 가는 것을 좋아하니? (पसंद करना 사용)

9) 저는 가이드 없이 여행 가고 싶습니다.

10) 당신 나와 함께 가실래요?

관련 어휘

अंत	명사 (남)	끝, 마지막; 종료; 결말
अरे	감탄사	이런, 어머나
उत्तपम	명사 (남)	웃따빰(쌀과 흰콩을 불렸다가 갈아서 양파, 토마토, 고추 등을 넣어 둥글넙적하게 지진 남인도 음식)
उम्मीद	명사 (여)	희망; 기대
ऋतु	명사 (여)	계절
गाइड	명사 (남)	안내원
गरमी/गर्मी	명사 (여)	더위
ग़ुस्सा	명사 (여)	화, 분노
घूमना	동사 (자)	돌다; 돌아다니다; 순회하다; 산책하다; 배회하다
चिट्ठी	명사 (여)	편지
ज़ुकाम	명사 (남)	감기
तकलीफ़	명사 (여)	고통; 불편
तब तो	접속사	그러면, 그러한 이유로
ताजमहल	명사 (남)	따즈마할
तैयार	형용사	준비된
तैयारी	명사 (여)	준비
थका	형용사	피곤한, 지친
दक्षिण	명사 (남)/ 형용사	남(南), 남쪽/ 남쪽(의); 오른쪽(의)

दर्द	명사 (남)	통증, 아픔, 고통
दिलचस्पी	명사 (여)	관심; 흥미
दुःख	명사 (남)	슬픔; 고통, 아픔
दोस्त	명사 (남)	친구
नमकीन	형용사	짠
नींद	명사 (여)	졸음
परसों	부사	그저께; 모레
परीक्षा	명사 (여)	시험
पेट	명사 (남)	배, 복부
प्यास	명사 (여)	갈증
बदन	명사 (남)	몸, 육체
बॉलीवुड फ़िल्म	명사 (여)	볼리우드 영화
बुख़ार	명사 (남)	열(熱)
बुरा	형용사	나쁜
भोजन	명사 (남)	음식; 식사
रेस्तराँ	명사 (남)	식당
रोटी	명사 (여)	로띠(둥글납작한 가정식 통밀빵); 빵
लंच	명사 (남)	점심 식사
वसंत	명사 (남)	봄
विदेश	명사 (남)	외국

विश्वास	명사 (남)	믿음, 신념
वीकेंड	명사 (남)	주말
शाह जहाँ	명사 (남)	샤 자한(인도 무굴 제국 제5대 황제)
शॉपिंग	명사 (여)	쇼핑; 장 보기
सर्दी	명사 (여)	추위; 겨울
सप्ताह	명사 (남)	주(週), 일주일
सहेली	명사 (여)	(여자의) 여자 친구
साथी	명사 (남)	동료; 친구
सिर	명사 (남)	머리
सैर	명사 (여)	산책
सोना	동사 (자)	자다
हँसी	명사 (여)	웃음

문화이해

인도에는 산악지역을 제외한 대부분의 지역에서 망고가 생산됩니다. 매년 천만 톤의 망고가 산출되는데 이는 세계 망고 생산량의 52퍼센트에 해당합니다. 망고는 고대로부터 인도 땅에서 재배되어 왔다고 합니다. 알렉산더 대왕이나 현장(玄奘) 법사 등이 인도에서 망고를 맛보았다는 문헌 기록이 있으며 무굴제국의 아끄바르 대제가 비하르의 다르방가 지역에 십만 그루의 망고를 심었다는 이야기도 있습니다. 인도에서 나는 망고의 종류는 수백 가지입니다. 가장 대중적인 망고는 노란색과 연두색을 띤 달걀 모양의 랑그라(लंगड़ा) 망고입니다. 웃따르쁘라데시에서 나는 다셰흐리(दशहरी) 망고와 구자라뜨에서 재배되는 께사르(केसर) 망고도 유명합니다. 특히 마하라슈뜨라에서 나는 황금빛의 알판소(अलफांसो) 망고는 당도가 뛰어나고 영양가가 높아 최상급으로 인기가 있습니다. 당도로만 치면 여름철의 끝 무렵에 나오는 쪼우사(चौसा) 망고가 최고입니다. 인도 시장에서 망고도 다른 과일들처럼 저울추(बाट)로 무게를 재는 저울(तराज़ू)에 달아 킬로 단위로 판매됩니다.

पाठ 08

बारिश होगी।
비가 올 거예요.

학습목표

- 오늘의 날씨를 말할 수 있다.
- 다양한 계절을 설명할 수 있다.
- होना 동사의 미래시제와 과거시제를 익힌다.
- 비교급을 표현한다.
- 최상급을 표현한다.

क्या आप हिन्दी में मौसम के बारे में बात कर सकते हैं?	날씨에 대해 힌디어로 말할 수 있나요?
क्या आप जानते हैं कि भारत में कितनी ऋतुएँ हैं?	인도에는 몇 개의 계절이 있나요?
दिल्ली में सबसे ज़्यादा बारिश कब होती है?	델리에 비가 언제 가장 많이 내리나요?
क्या भविष्यत काल से संभावना का अर्थ भी सूचित होता है?	미래형에 추측의 의미도 포함되나요?

대화 1

जीमिन	**सर, आज बहुत गरमी लग रही है।**
지민	교수님, 오늘 정말 덥네요.
प्रो॰ अनिल	**बेटा, इस साल तो गरमी थोड़ी कम लग रही है।**
	पिछले साल इससे ज़्यादा गरमी थी।
아닐 교수	얘야, 올해는 덜 더운 거 같은데.
	작년에 이것보다 더웠단다.
जीमिन	**अरे, सचमुच?**
지민	어, 정말요?
प्रो॰ अनिल	**हाँ, अगले महीने तापमान पचास डिग्री तक पहुँचेगा।**
아닐 교수	그럼, 다음 달엔 온도가 50도까지 올라갈 거야.
जीमिन	**तो बारिश कब होगी?**
지민	그럼 비는 언제 와요?
प्रो॰ अनिल	**बरसात जून में शुरू होगी।**
아닐 교수	우기는 6월에 시작된단다.

기본 어휘 1

जून	명사 (남)	6월
डिग्री	명사 (여)	(온도) 도(度)
तापमान	명사 (남)	온도
पहुँचना	동사 (자)	도착하다; 도달하다
पिछला	형용사	이전의, 지난
बरसात	명사 (여)	우기
बारिश	명사 (여)	비
सचमुच	명사/ 부사	실제, 사실/ 정말, 진짜, 참으로; 매우

문법 설명 1

✓ होना 동사의 미래형

단수 남성형/여성형		복수 남성형/여성형	
मैं	**होऊँगा(हूँगा)/होऊँगी(हूँगी)**	**हम**	**होंगे/होंगी**
तू	**होगा/होगी**	**तुम**	**होगे/होगी**
		आप	**होंगे/होंगी**
वह	**होगा/होगी**	**वे**	**होंगे/होंगी**

होना의 미래시제 형태는 미래와 추측을 나타낸다.

आज बारिश होगी। ‘오늘 비가 올 것이다.’

वह छात्र होगा। ‘그는 학생일 것이다.’

✓ होना 동사의 과거형

	남성	여성
단수	**था**	**थी**
복수	**थे**	**थीं**

वह अमीर था। ‘그는 부유했다.’

वह ग़रीब नहीं थी। ‘그녀는 가난하지 않았다.’

✓ 비교급의 표현

비교급은 [후치사 **से** ‘~보다’ + 형용사/부사]로 표현한다.

मैं तुमसे छोटा/छोटी हूँ। ‘내가 너보다 어리다.’

यह उससे अच्छा है। ‘이것이 그것보다 좋다.’

대화 2

डॉ॰ ज्योति	आजकल कोरिया का मौसम कैसा है?
죠띠 박사	요즘 한국 날씨 어떠니?
सुजी	आजकल सर्दी है।
	सर्दियों में कोरिया बहुत ठंडा रहता है।
수지	요즘은 겨울이에요.
	겨울에 한국은 매우 추워요.
डॉ॰ ज्योति	भारत से ज़्यादा ठंडा है?
죠띠 박사	인도보다 많이 춥니?
सुजी	जी हाँ, कभी-कभी भारी बर्फ़ भी पड़ती है।
수지	네, 가끔은 큰 눈도 내려요.
डॉ॰ ज्योति	अच्छा, कोरिया की ऋतुओं के बारे में बताइए।
죠띠 박사	그렇구나, 한국 계절에 대해 말해줘.
सुजी	कोरिया में चार ऋतुएँ होती हैं - वसंत, गरमी, शरत्, सर्दी।
수지	한국에는 사계절이 있어요 - 봄, 여름, 가을, 겨울.
डॉ॰ ज्योति	तुम्हें कौन-सी ऋतु सबसे ज़्यादा पसंद है?
죠띠 박사	너는 어떤 계절을 가장 좋아하니?
सुजी	मुझे वसंत सबसे ज़्यादा पसंद है।
수지	저는 봄을 가장 좋아해요.

기본 어휘 2

कभी	부사	언젠가; 때때로, 때로
के बारे में	후치사 (복합)	~에 관하여, ~에 대해서
पड़ना	동사 (자)	떨어지다, 넘어지다; 발생하다; 위치하다, 놓이다
बताना	동사 (타)	말하다; 알리다
बर्फ़	명사 (여)	눈; 얼음
भारी	형용사	무거운; 중대한
मौसम	명사 (남)	날씨; 계절
शरत्	명사 (여)	가을

문법 설명 2

최상급의 표현

- 최상급은 सबसे '모두보다'를 써서 표현한다.

तुम सबसे सुंदर हो। '너가 가장 예쁘다.'

- 형용사 앞에 कहीं '훨씬', अधिक/ज़्यादा/बहुत '많이', काफ़ी '충분히', कम '적게' 등이 추가되기도 한다.

मैं तुम से अधिक छोटा हूँ। '내가 너보다 더 어리다.'

यह उससे ज़्यादा अच्छा है। '이것이 그것보다 더 좋다.'

यह उससे कम अच्छा है। '이것이 그것보다 덜 좋다.'

- 후치사 में '~ 중에' 또는 में से '~ 중에서'를 써서 비교급이나 최상급을 표현하기도 한다.

दोनों में यह अच्छा है। '둘 중에 이것이 좋아.'

तीनों में से यह अच्छा है। '셋 중에서 이것이 좋아.'

문형 이해하기

1. होना 동사의 과거형

पुराने ज़माने में	एक राजा	था।
उस दिन	कक्षा	थी।
उस समय	मेरे पास काफ़ी पैसे	थे।
उन दिनों	बहुत सी घटनाएँ	थीं।

2. होना 동사의 미래형

<table>
<tr><td>मैं</td><td rowspan="3">अगले</td><td>हफ़्ते</td><td>अस्पताल</td><td rowspan="5">में</td><td>होऊँगा/होऊँगी।</td></tr>
<tr><td>तू</td><td>महीने</td><td>मंदिर</td><td rowspan="2">होगा/होगी।</td></tr>
<tr><td>वह</td><td>साल</td><td>कक्षा</td></tr>
<tr><td>हम</td><td colspan="2">उस समय</td><td>कैंटीन</td><td>होंगे/होंगी।</td></tr>
<tr><td>तुम</td><td colspan="2">परसों</td><td>मैदान</td><td>होगे/होगी।</td></tr>
<tr><td>आप</td><td colspan="2">नरसों</td><td>वहाँ</td><td rowspan="2">पर</td><td rowspan="2">होंगे/होंगी।</td></tr>
<tr><td>वे</td><td colspan="2">थोड़ी देर में</td><td>घर</td></tr>
</table>

3. 현재 진행형과 과거 진행형

<table>
<tr><td>मैं</td><td>हैरान</td><td rowspan="9">हो</td><td>रहा/रही</td><td>हूँ।</td></tr>
<tr><td>तुम</td><td>बूढ़े/बूढ़ी</td><td rowspan="2">रहे/रही</td><td>हो।</td></tr>
<tr><td>आप</td><td>दुःखी</td><td>हैं।</td></tr>
<tr><td>वह</td><td>ख़त्म</td><td>रहा/रही</td><td rowspan="4">है।</td></tr>
<tr><td colspan="2">क्या</td><td>रहा</td></tr>
<tr><td colspan="2">बारिश</td><td rowspan="2">रही</td></tr>
<tr><td colspan="2">ठंड</td></tr>
<tr><td rowspan="2">मुझे</td><td>दर्द
डर</td><td>रहा</td><td>था।</td></tr>
<tr><td>भूख
देर</td><td>रही</td><td>थी।</td></tr>
</table>

말하기

1

कोरिया का मौसम कैसा है?

<table>
<tr><td rowspan="2">कोरिया में</td><td rowspan="4">भारत से</td><td>कम</td><td>गरमी</td><td rowspan="2">पड़ती है।</td></tr>
<tr><td>कहीं</td><td>ठंड</td></tr>
<tr><td rowspan="2">कोरिया में</td><td>ज़्यादा</td><td>बारिश</td><td>होती है।</td></tr>
<tr><td>अधिक</td><td>बर्फ़</td><td>पड़ती है।</td></tr>
</table>

2

दिल्ली का मौसम कैसा है?

<table>
<tr><td rowspan="6">दिल्ली में</td><td>चेन्नई</td><td rowspan="4">से</td><td>ज़्यादा धूप</td><td>पड़ती है।</td></tr>
<tr><td>बेंगलुरु</td><td>घना कोहरा</td><td>होता है।</td></tr>
<tr><td>कोलकाता</td><td>तेज़ आँधी</td><td>होती है।</td></tr>
<tr><td>मुंबई</td><td>कम हवा</td><td>चलती है।</td></tr>
<tr><td>जून में</td><td rowspan="2">सबसे ज़्यादा</td><td>बारिश</td><td>होती है।</td></tr>
<tr><td>जनवरी में</td><td>सर्दी</td><td>पड़ती है।</td></tr>
</table>

3 친구에게 자신이 좋아하는 계절과 날씨를 들려주세요.

듣기

1. 잘 듣고 빈칸에 알맞은 단어를 쓰세요.

1) अभी बहुत ______ ______ ______ है।

2) सर्दियों में बहुत ______ ______ है।

3) मुंबई में जयपुर ______ ______ ______ होती है।

2. 주어진 대화를 듣고 각각의 질문에 답하세요.

1) कोरिया में अप्रैल में कौन-सी ऋतु होती है?

① वसंत ऋतु

② सर्दी ऋतु

2) क्या कोरिया में वसंत में बारिश होती है?

① हाँ, कभी कभी बारिश होती है।

② नहीं, कभी बारिश नहीं होती।

3) दिल्ली में गरमी कब से शुरू होती है?

① हाँ, कभी कभी बारिश होती है।

② नहीं, कभी बारिश नहीं होती।

3. 대화를 듣고 각각의 질문에 답하세요.

1) ① ②

2) ① ②

3) ① ②

읽기

1. 그림을 보고 보기에서 틀린 것을 고르세요.

दिल्ली का मौसम				
मंगलवार 26 फ़रवरी	बुधवार 27 फ़रवरी	गुरुवार 28 फ़रवरी	शुक्रवार 01 मार्च	शनिवार 02 मार्च

① मंगलवार को तूफ़ान आएगा।

② 27 फ़रवरी को बादल होंगे।

③ शुक्रवार को धूप नहीं होगी।

④ शनिवार को बारिश होगी।

2. सर्दी से बचने के लिए क्या-क्या करते हैं?

① हम छाता लेकर जाते हैं।

② हम साथ में पानी लेकर जाते हैं।

③ हम सनक्रीम लगाकर ही बाहर जाते हैं।

④ हम गरम कपड़े पहनकर घर में बैठते हैं।

3-4. 지문을 읽고 문제에 답하세요.

दिल्ली में गरमी का मौसम अप्रैल से शुरू होता है। अप्रैल-मई में आँधी भी आती है और धूप तेज़ होती है। तापमान प्रायः पैंतालिस तक पहुँच जाता है। बरसात का मौसम जुलाई से सितंबर तक होता है। सर्दी का मौसम दिसंबर से फ़रवरी तक होता है। लेकिन बर्फ़ नहीं पड़ती।

3. दिल्ली में आँधी किस मौसम में आती है?

① वसंत में
② गरमी के मौसम में
③ बरसात में
④ सर्दी के मौसम में

4. दिल्ली में बरसात कब तक ख़त्म होती है?

① अप्रैल
② मई
③ जुलाई
④ सितंबर

쓰기

1. 괄호 안에 주어진 단어를 활용하여 작문하세요.

1) 델리에선 우기가 6월에 시작할 것입니다. (में होना जून बरसात में दिल्ली शुरू)

2) 당신이 선호하는 계절은 무엇인가요? (ऋतु आप क्या का पसंदीदा होना)

3) 수업이 끝나는 중이었습니다. (ख़त्म होना कक्षा)

2. 틀린 부분을 찾아 바르게 고치세요.

1) मुझे देर हो रहा है।

2) दिल्ली में मुंबई से कम हवा चलता है।

3) वे लोग थोड़ी देर में घर पर होगे।

3. 힌디어로 작문하세요.

1) 오늘 날씨가 어떻습니까?

2) 오늘 매우 덥습니다.

3) 내일은 오늘보다 추울 거예요.

4) 우기가 언제 시작되나요?

5) 모레 비가 올 거예요.

6) 그때 비가 오고 있었습니다.

7) 지금 눈이 내리고 있습니다.

8) 선호하는 계절이 무엇인가요?

9) 나는 여름을 가장 좋아합니다.

10) 그 당시 사건이 있었다.

관련 어휘

अधिक	형용사/ 부사	많은/ 많이; 더욱
आँधी	명사 (여)	폭풍; 모래바람
आंशिक	형용사	부분적, 일부분(의)
आम तौर पर	부사	일반적으로
कैंटीन	명사 (여)	매점; 구내식당
कोलकाता	명사 (여)	꼴까따(인도 지명)
कोहरा/कुहरा	명사 (남)	안개
ख़त्म	형용사	끝난, 종결된
घटना	명사 (여)	사건; 사고
घना	형용사	밀접한; 두꺼운; 조밀한
चेन्नई	명사 (여)	쩬나이(인도 지명)
ज़माना	명사 (남)	시간, 기간
ठंड	명사 (여)	차가움, 추위; 감기
डर	명사 (남)	두려움, 공포
तूफ़ान	명사 (남)	폭풍, 태풍
दुःखी	형용사	슬픈; 고통스러운, 아픈
धूप	명사 (여)	햇빛
नरसों	부사	그저께; 글피

पसंदीदा	형용사 (불변)	좋아하는, 선호하는
पहनना	동사 (타)	(옷, 신발 등을) 입다
पुराना	형용사	오래된; 낡은
प्रायः	부사	대개, 일반적으로, 보통
बादल	명사 (남)	구름
बूढ़ा	형용사/ 명사 (남)	늙은, 나이 든/ 노인
बेंगलुरु	명사 (남)	벵갈루루(인도 지명)
मंदिर	명사 (남)	사원
मैदान	명사 (남)	들, 평야; 운동장
रूप	명사 (남)	모양, 형태
सनक्रीम	명사 (남)	선크림
हफ़्ता	명사 (남)	주(週), 일주일
हवा	명사 (여)	공기; 바람
हैरान	형용사	놀란, 당혹한, 경악한

문화이해

인도에서는 일 년을 6계절(ऋतु)로 구분합니다. 봄(वसंत, 3월-4월), 여름(ग्रीष्म, 5월-6월), 우기(वर्षा, 7월-9월), 가을(शरत्, 10월-11월), 겨울(हेमंत, 12월-1월), 늦겨울(शिशिर, 1월-2월)이 있습니다. 인도의 기후는 지리 환경적으로 몇 가지 독특한 특징을 보여줍니다. 우선 북부의 히말라야산맥은 중앙아시아에서 넘어오는 냉랭한 공기의 흐름을 차단하여 인도 대륙을 따뜻하게 유지하는 한편 큰 비를 형성하는 데에도 일조합니다. 남쪽에 위치한 인도양은 적도와 가까워 열대 기후를 형성하는 작용을 합니다. 해마다 여름이 되면 남회귀선에서 불어오는 바람이 적도를 강하게 지나면서 몬순(मानसून)으로 바뀌어 인도에 올라옵니다. 몬순은 라자스탄을 제외한 서부 해안 지역, 그리고 아삼에서 까슈미르까지의 지역에 많은 비를 내립니다. 몬순은 보통 6월과 9월 사이에 발생하지만, 따밀나두에서는 예외적으로 10월과 12월 사이에 발생합니다. 몬순 전에 비가 내리기도 하는데 이 비를 망고-샤워(मैंगो शावर) 즉, 망고 소나기라고 부릅니다. 아삼 지역에서는 티-샤워(टी शावर) 즉, 차 소나기라고 부릅니다. 인도의 북서부 지역은 해마다 여름에 뜨겁고 건조한 바람이 붑니다. 이 바람은 루(लू)라고 부릅니다. 때로 서쪽에서 모래바람(आँधी)이 불어와 하늘을 뒤덮고 집안까지 모래 먼지가 들어오기도 합니다. 인도의 기후는 지역에 따라 다른 모습을 보입니다. 북단 고산 지역은 한랭사막기후, 북부와 동부는 온난습윤기후, 중부와 남부 지역은 열대사바나기후, 서부 해안은 열대몬순기후, 서부와 중남부는 스텝기후, 그리고 서부는 사막기후를 보여줍니다.

मेमो

पाठ 09

तुम इन छुट्टियों में क्या करोगे?
너 이번 휴일에 뭐 할 거야?

학습목표

- 취미에 대해 묻고 답할 수 있다.
- 여가 계획을 말할 수 있다.
- 미래시제(확정미래) 문장을 만들 수 있다.
- 연결어미를 활용한 독립 부사구 문장을 만들 수 있다.
- 동사의 불규칙 변화를 이해한다.

अवकाश में क्या-क्या करते हैं?	여가에 무엇을 하나요?
भारत के पहाड़ों में से कहाँ जाना चाहते हैं?	인도의 산 중에서 어디에 가고 싶나요?
ताजमहल दुनिया के सात अजूबों में से एक है?	따즈마할이 세계 7대 불가사의인가요?
क्या आप हिन्दी में अपने शौक़ बता सकते हैं?	힌디어로 취미를 말할 수 있나요?

대화 1

मनोज सुजी, कल तुम क्या करोगी?

कुछ ख़ास काम तो नहीं है?

마노즈 수지야, 내일 너 뭐 할 거야?

좀 특별한 일은 없어?

सुजी नहीं, कोई ख़ास काम नहीं है।

수지 아니, 아무 특별한 일 없어.

मनोज मैं दिल्ली हाट जाऊँगा, तुम साथ चलोगी?

마노즈 딜리 하뜨에 갈 건데, 너 함께 갈래?

सुजी दिल्ली हाट जाकर क्या करेंगे?

수지 딜리 하뜨에 가서 뭐 할 거야?

मनोज दिल्ली हाट में भारत के सभी राज्यों की विविध चीज़ें और व्यंजन घूमकर हैं।

देखकर मज़ा आएगा।

마노즈 딜리 하뜨에선 인도 모든 주의 다양한 물건과 음식을 구할 수 있어.

돌아다니면 재미날 거야.

सुजी अच्छा, चलो। तो हम कल दिल्ली हाट में मिलेंगे।

수지 그래, 가자. 그럼 우리 내일 딜리 하뜨에서 만나.

기본 어휘 1

ख़ास	형용사	특별한
फिर	부사/ 접속사	다시, 재차/ 그러고 나서; 그러면
राज्य	명사 (남)	왕국; 통치; 주(州)
विविध	형용사	다양한
व्यंजन	명사 (남)	음식; (언어) 자음
सभी	형용사/ 대명사	모든/ 모두(= सब ही)
हाट	명사 (여)	시장

문법 설명 1

미래시제(확정미래)

	남성		여성	
मैं	करूँगा	आऊँगा	करूँगी	आऊँगी
तू	करेगा	आएगा	करेगी	आएगी
वह	करेगा	आएगा	करेगी	आएगी
हम	करेंगे	आएँगे	करेंगी	आएँगी
तुम	करोगे	आओगे	करोगी	आओगी
आप	करेंगे	आएँगे	करेंगी	आएँगी
वे	करेंगे	आएँगे	करेंगी	आएँगी

वे लोग कल हमारे यहाँ आएँगे। '그 사람들이 내일 우리 집에 올 것이다.'

मैं यह काम ज़रूर करूँगा। '내가 이 일을 반드시 하겠다.'

독립 부사구

- [동사 어간 + 연결어미 -कर/-के]

मैं आम खाकर/खाके चाय पिऊँगी। '내가 망고를 먹고 짜이를 마실 거야.'

मैं वह काम करके घर जाऊँगा। '내가 일을 하고 나서 집에 갈 거야.'

- [부정사의 사격 + 복합후치사 के बाद]

मैं काम करने के बाद घर जाऊँगा। '내가 일을 한 후에 집에 갈 거야.'

대화 2

मनोज	जीमिन, तुम इन छुट्टियों में क्या करोगे?
마노즈	지민아, 너 이번 휴일에 뭐 할 거야?
जीमिन	मुझे पहाड़ों पर चढ़ने का शौक़ है।
	इसलिए मैं इस बार हिमालय जा रहा हूँ।
지민	내 취미는 등산이야.
	그래서 이번에 히말라야에 가려고 해.
मनोज	फिर तो, तुम अच्छी तरह से तैयारी कर लेना।
마노즈	그렇구나, 준비 잘 하렴.
जीमिन	हिमालय में मोटे गरम कपड़े ज़रूरी हैं।
	इसलिए मैं कल मॉल जाकर एक मोटा और गरम जैकेट लूँगा।
지민	히말라야에선 두껍고 따뜻한 옷이 필요해.
	그래서 내일 쇼핑몰에 가서 두껍고 따뜻한 재킷 한 벌 살 거야.
मनोज	यार, मेरे पास एक जैकेट है, मुझसे ले लेना।
마노즈	야, 나한테 하나 있어, 가져가.
जीमिन	सच? फिर तो बहुत अच्छी बात होगी।
지민	진짜? 그럼 너무 좋겠다.
मनोज	लंच करने के बाद मेरे घर चलो, मैं देता हूँ।
마노즈	점심 먹고 우리 집에 가자, 내가 줄게.

기본 어휘 2

अभी	부사	바로 지금(= अब ही)
चढ़ना	동사 (자)	오르다
ज़रूरी	형용사	필요한; 불가피한, 필수적인; 중요한
जैकेट	명사 (여)	재킷, 반코트, 잠바
पहाड़	명사 (남)	산
मोटा	형용사	두꺼운; 뚱뚱한
शौक़	명사 (남)	취미, 흥미
सच	명사 (남)/ 형용사/ 감탄사	진실, 정말/ 실제의/ 정말!
हिमालय	명사 (남)	히말라야산맥

문법 설명 2

미래시제(확정미래)

लेना '받다; 갖다'와 देना '주다' 동사는 미래시제에서 불규칙 변화한다.

	남성		여성	
मैं	दूँगा	लूँगा	दूँगी	लूँगी
तू	देगा	लेगा	देगी	लेगी
वह	देगा	लेगा	देगी	लेगी
हम	देंगे	लेंगे	देंगी	लेंगी
तुम	दोगे	लोगे	दोगी	लोगी
आप	देंगे	लेंगे	देंगी	लेंगी
वे	देंगे	लेंगे	देंगी	लेंगी

हम आज दिल्ली हाट से कपड़े लेंगे। '우리가 오늘 딜리 하뜨에서 옷을 살 것이다.'

मैं तुम्हें जैकेट दूँगा। '내가 너에게 재킷을 주겠다.'

문형 이해하기

1. 미래시제(확정미래): 규칙

मैं	आपका	इंतज़ार	करूँगा/करूँगी।
तुम	मेरी	मदद	करोगे/करोगी।
वह	जल्दी उठने की	कोशिश	करेगा/करेगी।
हम	उस फ़ोन का	इस्तेमाल	करेंगे/करेंगी।

2. 미래시제(확정미래): 불규칙

<table>
<tr><td>मैं</td><td>इसे</td><td colspan="2">हाथ से</td><td>छुऊँगा/छुऊँगी।</td></tr>
<tr><td>तुम</td><td colspan="2">शराब
सिगरेट</td><td>(नहीं)</td><td>पिओगे/पिओगी।</td></tr>
<tr><td>छात्र</td><td colspan="3" rowspan="3">परीक्षा</td><td>देगा।</td></tr>
<tr><td>छात्रा</td><td>देगी।</td></tr>
<tr><td>प्रोफ़ेसर</td><td>लेंगे/लेंगी।</td></tr>
</table>

3. 독립 부사구

<table>
<tr><td>मैं उठता हूँ।</td><td>मैं नाश्ता करता हूँ।</td></tr>
<tr><td colspan="2">→ मैं उठकर नाश्ता करता हूँ।</td></tr>
<tr><td>तुम काम पूरा करो।</td><td>तुम यह मिठाई खाओ।</td></tr>
<tr><td colspan="2">→ तुम काम पूरा करके यह मिठाई खाओ।</td></tr>
<tr><td>दुकानदार अपनी दुकान खोलेगा।</td><td>दुकानदार साफ़ करेगा।</td></tr>
<tr><td colspan="2">→ दुकानदार अपनी दुकान खोलकर/खोलके साफ़ करेगा।</td></tr>
</table>

말하기

1

आप अगली छुट्टियों में
क्या करेंगे/करेंगी ?

मैं	दिन-भर	घर पर	सोऊँगा/सोऊँगी।
	अपने बच्चों के साथ	गेम	खेलूँगा/खेलूँगी।
	यात्रा पर	विदेश	जाऊँगा/जाऊँगी।
	परीक्षा की	तैयारी	करूँगा/करूँगी।

2

<table>
<tr><td rowspan="5">मैं</td><td>साइकिल चलाने</td><td rowspan="3">का/की</td><td rowspan="3" colspan="2">शौक़ीन हूँ।</td></tr>
<tr><td>मछली पकड़ने</td></tr>
<tr><td>घुड़सवारी</td></tr>
<tr><td>तैराकी करने</td><td rowspan="2">का</td><td rowspan="2">शौक़</td><td rowspan="2">है।</td></tr>
<tr><td>सर्फ़िंग</td></tr>
</table>

3 친구와 서로의 취미를 묻고 답하세요.

듣기

1. 잘 듣고 빈칸에 알맞은 단어를 쓰세요.

1) तुम काम पूरा ______________ मुझे फ़ोन कर ______________ ।

2) मैं ______________ कुछ नहीं ______________ ।

3) हिमालय में मोटे ______________ कपड़े ______________ हैं।

2. 주어진 대화를 듣고 각각의 질문에 답하세요.

1) जीमिन कहाँ जाकर ताजमहल देखेगा?

① भारत

② बाज़ार

2) क्या नामजून मिठाई चाहता है?

① हाँ, वह मिठाई ज़रूर चाहता है।

② नहीं, वह मिठाई नहीं चाहता।

3) जीमिन नामजून के लिए क्या करेगा?

① वह पोस्टकार्ड भेजेगा।

② वह मिठाई ख़रीदेगा।

3. 대화를 듣고 각각의 질문에 답하세요.

1) ① ②

2) ① ②

3) ① ②

읽기

1-2. 글을 읽고 알맞은 그림을 고르세요.

1. अनिल और पुष्पा छुट्टियों में साइकिल चलाते हैं।

①

①

③

2. जीमिन को टेनिस खेलने का शौक़ है।

①

①

③

3-4. 지문을 읽고 문제에 답하세요.

इस शनिवार को मीना की बड़ी बहन की शादी होगी। इसलिए मीना सुबह से थोड़ी व्यस्त होगी। शादी में मीना के रिश्तेदार भी आएँगे। शाम को सब मिलकर मीना की दादी जी के यहाँ जाएँगे और डीनर करेंगे। मीना रविवार को घर साफ़ करेगी। उसके बाद मार्केट से खाने-पीने की चीज़ें ख़रीदकर ख़ुद लंच बनाकर खाएगी। मीना को आजकल साइकिल चलाने का शौक़ है। लंच के बाद वह दोस्तों के साथ साइकिल चलाकर हान नदी जाएगी।

3. मीना शनिवार शाम को कहाँ डिनर करेगी?

① अपने घर　　② दादा जी के घर

③ मार्केट　　④ हन नदी

4. मीना रविवार को किसके साथ साइकिल चलाएगी?

① अपनी बड़ी बहन　　② दादा जी

③ रिश्तेदार　　④ दोस्त

쓰기

1. 괄호 안에 주어진 단어를 활용하여 작문하세요.

1) 너(남성) 이번 휴일에 뭐 할 거니? (क्या ये में तुम करना छुट्टियाँ)

2) 우선 점심 먹고 우리 집에 함께 가자. (साथ करना यहाँ चलना लंच पहले मेरा)

3) 내 여동생의 취미는 자전거 타기야. (बहन शौक़ीन साइकिल छोटा होना का मेरा चलाना)

2. 틀린 부분을 찾아 바르게 고치세요.

1) देखना में हमें मज़ा आएगा।

2) मैं तैराकी करने का शौक़ीन है।

3) तुम पहले आराम करकर खाना खाओ।

3. 힌디어로 작문하세요.

1) 당신은 모레 무엇을 하실 건가요?

2) 우리는 재미있을 거야.

3) 너 누구랑 어디 갈 거야?

4) 너 나한테 뭐 줄 거야?

5) 교수님이 우리에게 시험을 내실 겁니다.

6) 우리는 다음 주에 시험을 치를 겁니다.

7) 내가 도착해서 너를 도와줄 거야.

8) 너 방 청소한 다음에 힌디어 공부해.

9) 생각하고 말하세요.

10) 당신의 취미는 무엇인가요?

관련 어휘

अपना	형용사 (재귀)	자신의; 개인의
इंतज़ार	명사 (남)	기다림
इस्तेमाल	명사 (남)	사용, 이용
कॉलेज	명사 (남)	단과대학
कोशिश	명사 (여)	노력; 시도
के बाद	후치사 (복합)	~ 후에, 이후에
ख़ुद	대명사/ 부사	자기 자신/ 스스로
खोलना	동사 (타)	열다
घुड़सवारी	명사 (여)	승마, 말타기
चलाना	동사 (타)	움직이게 하다; 운전하다; 작동시키다
छूना	동사 (타)	만지다, 접촉하다, 건드리다
टेनिस	명사 (여)	테니스
तैयारी	명사 (여)	준비
तैराकी	명사 (여)	수영
नदी	명사 (여)	강
पकड़ना	동사 (타)	잡다; 파악하다
पकौड़ा/पकोड़ा	명사 (남)	빠꼬라(인도식 야채튀김)
पहले	부사	처음으로; 먼저; 이전에

पूरा	형용사	전부의, 전체의
पोस्टकार्ड	명사 (남)	엽서
फ़ोन	명사 (남)	전화; 전화기
भेजना	동사 (타)	보내다
मछली	명사 (여)	생선, 물고기
मदद	명사 (여)	도움
मिठाई	명사 (여)	미타이(인도 당과)
यात्रा	명사 (여)	여행
रिश्तेदार	명사 (남)	친척, 인척
शराब	명사 (여)	술
शादी	명사 (여)	결혼; 결혼식
शौक़ीन	형용사	취미로 하는; 좋아하는
सर्फ़िंग	명사 (남)	서핑
साइकिल	명사 (여)	자전거
सिखाना	동사 (타)	가르치다
सिगरेट	명사 (남/여)	담배
हाथ	명사 (남)	손

문화이해

인도에서 가장 대중적인 스포츠는 크리켓(क्रिकेट)입니다. 크리켓은 17세기 중엽에 동인도회사를 통해 들어왔습니다. 1721년에 선원들에 의해 첫 공식경기가 열렸으며, 다음 해인 1792년에 꼴까따에 최초의 크리켓 클럽이 결성됩니다. 이후 여러 크리켓 클럽이 생겨나고 클럽 간 경기가 치러지면서 크리켓은 유행을 타고 1800년대 중엽까지 인도의 많은 지역으로 보급됩니다. 1911년에 들어서서는 국제경기를 처음으로 치르게 됩니다. 당시에 빠띠얄라 왕국의 마하라자가 이끄는 인도 대표팀이 영국으로 해외 원정 경기를 갔습니다. 1927년에는 라즈구르 크리켓 토너먼트가 시작되고, 1932년에는 인도 크리켓 국가대표팀이 공식적으로 꾸려집니다. 인도 대표팀은 1952년에 해외에서 첫 번째 승리를 거두었고, 이후 계속 성장하여 1983년과 2011년에는 크리켓 월드컵에서 우승한 바 있습니다. 인도에서 크리켓은 영국 식민시대와 독립 이후 정치적인 시류와 맞물려 성장하였고 인도인의 열렬한 사랑을 받는 국가 스포츠가 되었습니다. 4년에 한 번씩 열리는 월드컵이 있을 때면 인도 국가대표팀을 응원하는 물결로 나라 전체가 들썩일 정도이며 동네 공터에서 아이들이 나무 배트와 공을 가지고 크리켓 경기를 하는 것을 쉽게 볼 수 있습니다.

पाठ 10

उसके बाद पूजा करता हूँ।
그다음에 뿌자를 합니다.

학습목표

- 일과를 말할 수 있다.
- 과거의 규칙적인 습관을 말할 수 있다.
- 소요 시간을 표현할 수 있다.
- 부정사의 용법을 이해한다.
- 과거미완료(과거습관) 문장을 만들 수 있다.

क्या आप अपनी दिनचर्या बता सकते हैं?	일과를 말할 수 있나요?
स्कूल पहुँचने में कितना समय लगता है?	학교에 도착하는 데에 얼마나 걸리나요?
हिन्दी में आदतों से संबंधित बातचीत कैसे की जाती है?	힌디어로 습관에 대해 어떻게 말하나요?
क्या भारतीय लोग सुबह योगाभ्यास करते हैं?	인도인들은 아침에 요가를 하나요?

대화 1

सुजी क्या तुम सुबह जल्दी उठते हो?

उठकर क्या-क्या करते हो?

수지 너 아침에 일찍 일어나니?

일어나서 뭐 해?

मनोज मैं साढ़े छः बजे उठता हूँ।

उठने के बाद सबसे पहले हाथ-मुँह धोता हूँ।

उसके बाद पूजा करता हूँ और मोबाइल फ़ोन पर समाचार पढ़ता हूँ।

마노즈 나는 6시 반에 일어나.

일어나서 가장 먼저 세수해.

그다음에 뿌자를 하고 휴대폰으로 뉴스를 읽어.

सुजी तुम नाश्ता नहीं करते?

수지 너 아침은 안 먹니?

मनोज नाश्ते में सिर्फ़ चाय और बिस्कुट लेता हूँ।

उसके बाद स्कूल जाता हूँ।

마노즈 아침으로 짜이와 비스킷만 먹어.

그다음에 학교에 가.

सुजी स्कूल कैसे जाते हो?

कितना समय लगता है?

수지 학교엔 어떻게 가?

시간이 얼마나 걸려?

मनोज मैं मेट्रो से जाता हूँ।

स्कूल पहुँचने में आधा घंटा लगता है।

마노즈 난 전철로 가.

학교 도착하는 데에 30분 걸려.

기본 어휘 1

आधा	명사/ 형용사	반/ 반의, 0.5
कैसे	의문부사	어떻게(수단, 방법)
घंटा	명사 (남)	시간, 시각; 종
धोना	동사 (타)	닦다; 씻다; 빨다
नाश्ता	명사 (남)	아침 식사; 스낵
पूजा	명사 (여)	숭배, 예배; 뿌자(여자 이름)
बिस्कुट/बिस्किट	명사 (남)	비스킷
मुँह	명사 (남)	얼굴; 입
मोबाइल फ़ोन	명사 (남)	휴대폰
समाचार	명사 (남)	소식, 뉴스

문법 설명 1

부정사

부정사는 명사로 사용되면서 동시에 시제동사처럼 주어나 목적어 등을 취한다. 부정사의 주어는 소유격 후치사와 함께 쓰인다.

मैं घर जाना चाहता हूँ। '나는 집에 가기를 원한다.'

हम बिस्कुट खाना चाहते हैं। '우리는 비스킷 먹기를 원한다.'

मुझे उसका जाना पसंद नहीं है। '나는 그가 가는 것이 맘에 들지 않는다.'

후치사 앞에서는 항상 사격을 취한다.

करने को '하려고'

करने पर '할 때'

करने में '하는 데에'

करने से '함으로써'

करने के लिए '하기 위하여'

소요시간의 표현

[부정사 사격 + में + लगना '걸리다'] 문형은 어떤 행동을 하는데 소요되는 시간을 표현한다.

यह काम करने में कितना समय लगता है? '이 일을 하는 데 몇 시간이 걸리는가?'

स्कूल पहुँचने में दो घंटे लगते हैं। '학교에 도착하는 데 두 시간 걸린다.'

대화 2

सुजी	मनोज, मैं योग सीखना चाहती हूँ।
	कोई अच्छी जगह है?
수지	마노즈, 나 요가 배우고 싶어.
	괜찮은 데 있을까?
मनोज	हाँ ज़रूर। हमारे स्कूल में भी एक योग सेंटर है।
마노즈	물론이지. 우리 학교에도 요가 센터가 하나 있어.
सुजी	अच्छी बात है।
	मैं यहाँ आने से पहले हर दिन योगाभ्यास करती थी।
수지	잘 됐다.
	나 여기 오기 전에 매일 요가 수련을 했었거든.
मनोज	मैं भी पहले उस योग सेंटर में जाता था।
	लेकिन आजकल नहीं जाता।
마노즈	나도 전에 그 요가 센터에 다녔었어.
	그런데 요즘은 안 가.

सुजी　आजकल क्यों नहीं जाते?

योगाभ्यास करना स्वास्थ्य के लिए अच्छा है न?

मनोज, तुम मेरे साथ चलें।

수지　요즘은 왜 안 가?

요가 수련은 건강에 좋잖아?

마노즈, 너 나랑 같이 다니자.

기본 어휘 2

जगह	명사 (여)	장소, 곳
ज़रूर	부사	틀림없이, 반드시
मालूम	형용사	알고 있는
योग	명사 (남)	요가
योग सेंटर	명사 (남)	요가 센터
योगाभ्यास	명사 (남)	요가 수련, 요가 연습
स्वास्थ्य	명사 (남)	건강

문법 설명 2

☑ 과거 미완료(과거습관)

• [동사 어간 + 미완료표지(-ता/-ते/-ती) + होना 동사의 과거형]

	남성	여성
मैं	**करता था**	**करती थी**
तू		
वह		
हम	**करते थे**	**करती थीं**
तुम		
आप		
वे		

과거 미완료는 과거의 습관 또는 과거 일정 기간 지속된 일을 표현한다.

हम पिछले साल एक दूसरे से मिलते थे। '우리가 지난해 서로 만났었다.'

मेरा दोस्त सुबह देर से उठता था। '내 친구가 아침에 늦게 일어났었다.'

पुराने ज़माने में एक राजा रहता था। '옛날에 한 임금님이 살았었다.'

문형 이해하기

1. 과거 미완료(동사 어간 + -ता/-ते/-ती + होना 동사의 과거형)

मेरा दोस्त	बचपन में उस समय उन दिनों दस साल पहले भारत जाने से पहले	हर सुबह	क़सरत	करता था।
मेरी सहेली		बड़ी मेहनत से	हिन्दी	पढ़ती थी।
मेरे दोस्त		दिन-भर		खेलते थे।
मेरी सहेलियाँ		रोज़	योगाभ्यास	करती थीं।

2. 부정사

योगाभ्यास करना	स्वास्थ्य के लिए	अच्छा	है।
तुम्हारा यहाँ आना	मेरे लिए		था।
बुरा काम न करना	अपने लिए		होगा।

3. 부정사 사격 + 후치사

मैं	उनसे	जाने	को	कहूँगी।
	पहुँचने		पर	फ़ोन करूँगी।
	स्कूल जाने		से पहले	पूजा करती थी।
	यहाँ सफ़ाई करने		का	काम करती हूँ।
	हिन्दी में बोलने		की	कोशिश करूँगी।
	भारत जाने		के लिए	हिन्दी पढ़ती हूँ।

말하기

1

मैं	देर से	उठती थी,	लेकिन आजकल	जल्दी	उठती हूँ।
	नाश्ता	नहीं करती थी,		रोज़	करती हूँ।
	ध्यान	नहीं लगाती थी,		प्रतिदिन	लगाती हूँ।
	कक्षा के बाद	खेलती थी,		शाम तक	हिन्दी पढ़ती हूँ।
	घर आने के बाद	टी.वी. देखती थी,		माँ की सहायता	करती हूँ।
	रात को 12 बजे	सोने जाती थी,		10 बजे	सो जाती हूँ।

2

कितना समय लगता है?

मुझे	सुबह नाश्ता करने	में	आधा घंटा	लगता है।
	मेट्रो से कॉलेज पहुँचने		एक घंटा	
	क़सरत करने		दो घंटे	लगते हैं।
	कैंटीन में लंच लेने		चालीस मिनट	
	वह काम पूरा करने में		एक ही महीना	लगेगा।

3 친구의 어린 시절을 물어보세요.

듣기

1. 잘 듣고 빈칸에 알맞은 단어를 쓰세요.

1) ________ ________ ________ सबसे पहले हाथ-मुँह धोता हूँ।

2) स्कूल ________ ________ ________ ________ लगता है।

3) ________ ________ स्वास्थ्य के लिए अच्छा है।

2. 주어진 대화를 듣고 각각의 질문에 답하세요.

1) क्या सुजी बचपन में माँ को तंग करती थी?

① हाँ, वह तंग करती थी।

② नहीं, वह तंग नहीं करती थी।

2) सुजी बचपन में उठकर क्या करती थी?

① वह नाश्ता करती थी।

② वह दिन-भर खेलती थी।

3) सुजी बचपन में कब उठती थी?

① रात को बारह बजे तक

② दोपहर तक

3. 대화를 듣고 각각의 질문에 답하세요.

1) ①　　②

2) ①　　②

3) ①　　②

읽기

1. 그림을 보고 틀린 것을 고르세요.

① विनोद सात बजे उठता है।

② विनोद सवा सात बजे दाँत साफ़ करता है।

③ विनोद साढ़े सात बजे पढ़ता है।

④ विनोद आठ बजे स्कूल जाता है।

2-3. 지문을 읽고 문제에 답하세요.

पहले कोरिया में संयुक्त परिवार होते थे। दादा-दादी, माता-पिता, चाचा-चाची सब एक साथ रहते थे। घर के सबसे बड़े पुरुष होने के कारण दादा परिवार के मुखिया होते थे। परिवार के किसी सदस्य के बीमार होने पर सब उसकी मदद करते थे। संतान अपने बूढ़े माता-पिता की देखभाल करती थी। बच्चे संयुक्त परिवार में ज़्यादा कुछ सीखते थे। लेकिन आजकल परिवार छोटा हो रहा है। लोग छोटे परिवार में अलग-अलग रहना पसंद करते हैं।

2. संयुक्त परिवार के बारे में ग़लत कथन क्या है?

① दादा-दादी, माता-पिता, चाचा-चाची सब एक साथ रहते हैं।

② संयुक्त परिवार में बड़ा पुरुष परिवार का मुखिया होता है।

③ संतान अपने बूढ़े माता-पिता की देखभाल करती है।

④ माता-पिता और सिर्फ़ उनके बच्चे साथ रहते हैं।

3. संयुक्त परिवार में कौन परिवार का मुखिया होता है?

① दादा ② दादी

③ माता ④ बेटा

쓰기

1. 괄호 안에 주어진 단어를 활용하여 작문하세요.

1) 나는(여성) 아침을 먹은 뒤 학교에 갑니다.

(स्कूल जाना नाश्ता होना मैं के बाद करना)

2) 요가를 배울 수 있는 좋은 곳을 아나요?

(सीखना कोई के लिए योगाभ्यास मालूम अच्छा होना जगह)

3) 그 일을 하지 않는 것이 자신을 위해 좋을 거야.

(न अपना काम होना को अच्छा करना वह के लिए)

2. 틀린 부분을 찾아 바르게 고치세요.

1) मैं यहाँ आना से पहले हर दिन योगाभ्यास करती थी।

2) स्कूल पहुँचने में आधा घंटा लगते हैं।

3) तुम का इधर आना मेरे लिए अच्छा था।

3. 힌디어로 작문하세요.

1) 나는 아침 7시 반에 일어납니다.

2) 일어나서 가장 먼저 아침을 먹습니다.

3) 그다음에 걸어서 학교에 갑니다.

4) 학교에 도착하는 데에 30분 걸립니다.

5) 수업이 끝나고 늦게까지 공부합니다.

6) 어렸을 적 나는 시골에 살았습니다.

7) 그 당시 나는 릭샤로 학교에 갔습니다.

8) 학교 매점에서 사모사를 먹었었습니다.

9) 친구들과 운동장에서 크리켓을 했었습니다.

10) 자기 전에 뿌자를 했었습니다.

관련 어휘

अलग	형용사	분리된; 다른; 별개의
क़सरत	명사 (남)	운동; 연습
के कारण	후치사 (복합)	~의 이유로, ~ 때문에
गाँव	명사 (남)	마을; 시골
चालीस	수사	사십, 40
तंग	형용사	비좁은; 꽉 조인; 괴롭히는
देखभाल	명사 (여)	돌봄, 보살핌; 보호
ध्यान	명사 (남)	주의; 배려; 의식
पुरुष	명사 (남)	남자
पैदल	형용사/ 부사	도보의/ 걸어서
बचपन	명사 (남)	어린 시절
बीमार	형용사	아픈, 병든
मुखिया	명사 (남)	우두머리
मेहनत	명사 (여)	노동; 수고; 노력
या	접속사	또는, 혹은
संतान	명사 (여)	자손
संयुक्त	형용사	연합한, 결합된
सदस्य	명사 (남)	일원, 구성원
सफ़ाई	명사 (여)	청결, 깨끗함; 청소
सहायता	명사 (여)	도움, 원조

문화이해

짜이(चाय)는 향신료를 넣어 끓인 인도식 밀크티로, 인도인들의 일상에서 빼놓을 수 없는 부분을 차지하고 있습니다. 짜이는 우유와 물에 찻잎, 향신료, 설탕을 푹 끓인 뒤 찻잎과 향신료 찌꺼기를 걸러내어 마시는 진하고 달콤한 음료입니다. 짜이에는 카다멈, 계피, 생강, 팔각, 후추, 정향 등 다양한 향신료가 들어가기 때문에 '마살라 짜이(मसाला चाय, 향신료 짜이)'라고도 불립니다. 짜이의 역사는 영국 식민 시대부터 시작합니다. 동인도회사는 중국의 차 생산 독점을 우려하며 이를 대체할 공급지로서 인도의 아삼 지역을 주목했습니다. 동인도회사의 주도 차 생산량이 늘어났고, 인도인들은 품질이 떨어지는 찻잎을 이용해 자신들의 입맛에 맞춰 향신료를 넣어 짜이를 만들게 됩니다. 영국인들의 티타임(Tea Time) 문화와 인도인 노동자들에게 주어진 티브레이크(Tea Break)가 짜이의 대중화에 한몫했습니다. 오늘날 인도는 세계 최대의 차 생산국이자 소비국입니다. 북부 인도를 중심으로 시장이나 상점가는 물론 사람들이 모이는 곳이라면 어디에서나 짜이를 파는 사람인 짜이왈라(चायवाला)를 쉽게 만날 수 있습니다.

मेमो

पाठ 11

शाकाहारी के लिए क्या मिलेगा?
채식은 뭐가 있나요?

학습목표

- 식당에서 음식을 주문할 수 있다.
- 음식의 맛을 표현할 수 있다.
- **मिलना** 동사가 사용되는 여격주어구문을 이해한다.
- **चाहिए** 구문을 이해한다.
- 접사 -**सा**를 활용하여 유사성을 나타낼 수 있다.

क्या आपको भारतीय खाना पसंद है?	인도 음식을 좋아하나요?
क्या आपको किसी भारतीय रेस्तराँ के बारे में मालूम है?	아는 인도 식당이 있나요?
क्या आप जानते हैं कि भारत में शाकाहारी लोग ज़्यादा हैं?	인도에 채식주의자가 많나요?
आवश्यकता की अभिव्यक्ति कैसे होती है?	필요구문은 어떻게 표현하나요?

대화 1

जीमिन	यहाँ शाकाहारी खाने में क्या मिलेगा?
지민	이곳에서 채식은 무엇이 있나요?
बैरा	यहाँ की शुद्ध शाकाहारी थाली मशहूर है।
종업원	여기는 채식 탈리가 유명합니다.
जीमिन	उसमें क्या-क्या होता है?
지민	거기에 뭐뭐 들어가요?
बैरा	इसमें रोटी, दाल, शाही पनीर, सब्ज़ी, रायता आदि हैं।
종업원	로띠, 달, 샤히 빠니르, 야채, 라이따 등이 들어갑니다.
जीमिन	अच्छा, हम दो थाली लेंगे।
지민	그럼, 두 개 주세요.
बैरा	आपको और क्या चाहिए?
종업원	뭐 더 필요한 것 있으세요?
जीमिन	मिनेरल वाटर। और हाथ धोने के लिए पानी लाना।
지민	생수요. 그리고 손 씻을 물 갖다주세요.
बैरा	थोड़ा इंतज़ार कीजिए। समय लगेगा।
종업원	잠시 기다려주세요. 시간이 걸립니다.
जीमिन	ठीक है, कोई बात नहीं।
지민	괜찮아요, 전혀 문제 되지 않아요.

기본 어휘 1

आदि	부사/ 명사 (남)	등등/ 시작, 초기
थाली	명사 (여)	접시, 쟁반; 탈리(쟁반에 갖가지 요리를 담아 제공하는 인도 음식)
दाल	명사 (여)	달(콩을 향신료를 넣고 걸쭉하게 만든 인도 음식)
मशहूर	형용사	유명한, 알려진
मिनेरल वाटर/ **मिनरल वाटर**	명사 (남)	생수
रायता	명사 (남)	라이따(요거트 소스에 채소, 과일과 향신료를 넣어 만든 요리)
शाकाहारी	명사 (남)/ 형용사	채식주의자/ 채식주의의
शाही पनीर	명사 (남)	샤히 빠니르(치즈를 향신료를 넣고 걸쭉하게 요리한 인도 음식)
शुद्ध	형용사	순수한; 섞이지 않은
लाना	동사 (타)	가져오다

문법 설명 1

여격주어구문

- [여격주어 + 명사(대상) + मिलना 동사]

여격주어구문에서 **मिलना**는 '만나다', '받다', '얻다', '구하다' 등의 의미로 쓰인다.

बार बार रास्ते पर मुझे दोस्त मिलता है। '번번이 길에서 친구를 만난다.'

हफ़्ते में एक बार मुझे तेरी चिट्ठी मिलती है। '일주일에 한 번 네 편지를 받는다.'

क्या यहाँ से बस मिलती है? '여기서 버스를 타나요?'

हमें इस रेस्तराँ पर मिठाई मिलेगी। '우리는 이 식당에서 미타이를 먹을 수 있어.'

- [여격주어 + 명사(대상) + चाहिए]

चाहिए는 '필요하다'는 의미를 나타내며 형태변화하지 않는다.

मुझे रोटी और दूध चाहिए। '나는 빵과 우유가 필요해요.'

मुझे कुछ नहीं चाहिए। '나는 아무것도 필요 없어요.'

대화 2

आशा जीमिन, तुम्हें थाली कैसी लग रही है?

아샤 지민아, 너 탈리 어때?

जीमिन थाली स्वादिष्ट लग रही है।

लेकिन दाल थोड़ी फीकी है, और शाही पनीर थोड़ा-सा नमकीन है।

지민 탈리 맛있네.

그런데 달은 조금 싱겁고, 샤히 빠니르는 조금 짜다.

आशा तो तुम दाल में नमक डालो, और शाही पनीर में रायता मिलाकर खाओ।

아샤 그럼 달에 소금을 넣어 봐, 그리고 샤히 빠니르에는 라이따를 섞어 먹어 봐.

जीमिन हाँ, ठीक है।

지민 응, 알았어.

आशा जीमिन, थाली हाथ से खाने से स्वाद और बढ़ेगा।

아샤 지민아, 탈리는 손으로 먹어야 더 맛있을 거야.

जीमिन हाँ, कोशिश करता हूँ।

आशा, मुझे रोटी और चाहिए। तुम्हें भी चाहिए क्या?

지민 알았어, 해볼게.

아샤, 나 로띠 더 먹을 건데. 너도 필요해?

आशा बस, काफ़ी है। मुझे नहीं चाहिए। तुम और ले लो।

아샤 됐어, 충분해. 나 필요 없어. 너 더 먹으렴.

기본 어휘 2

डालना	동사 (타)	넣다, 두다
नमक	명사 (남)	소금
फीका	형용사	싱거운
बस	형용사/ 부사/ 감탄사	충분한/ 그만, 그 정도까지만, 다만/ 충분해
बढ़ना	동사 (자)	늘다, 증가하다
स्वाद	명사 (남)	맛; 미각
स्वादिष्ट	형용사	맛있는

문법 설명 2

여격주어구문

- [여격주어 + 부정사 + चाहिए]

필요한 행동이나 일을 표현하는 구문으로서 부정사가 타동사일 경우 부정사의 목적어에 일치한다.

मुझे अभी जाना चाहिए। '나는 지금 가야 한다.'

तुम्हें हिन्दी सीखनी चाहिए। '너는 힌디어를 배워야 한다.'

उसे कपड़े ख़रीदने चाहिए थे। '그는 옷을 구입해야 했다.'

और의 용법

और는 '그리고', '더', '다른' 등의 의미를 나타낸다.

मैं और तुम साथ चलेंगे। '나랑 너는 같이 갈 것이다.'

क्या आपको और चाहिए? '더 필요하신가요?'

स्वाद और बढ़ेगा। '더 맛있을 겁니다.'

और अच्छा वाला लाओ। '더 좋은 것을 가져와라.'

और कुछ दिखाइए। '다른 것을 보여주세요.'

유사성의 표현

접사 -सा는 단어 뒤에 붙어 유사한 성질을 나타낸다.

बच्चा-सा ‘아이 같은’

थोड़ा-सा ‘약간의’

लाल-सा ‘불그스름한’

एक-सा ‘하나같은/비슷한’

तुम थके-से लग रहे हो। ‘너 피곤한 듯 보인다.’

문형 이해하기

1. 여격주어 + 부정사(자동사) + चाहिए

<table>
<tr><td rowspan="4">मुझे</td><td>जल्दी</td><td>उठना</td><td rowspan="4">चाहिए</td><td rowspan="4">(था)।
(होगा)।</td></tr>
<tr><td>समय पर</td><td>पहुँचना</td></tr>
<tr><td>दिन-भर</td><td>बैठना</td></tr>
<tr><td>तैयार</td><td>होना</td></tr>
</table>

2. 여격주어 + 부정사(타동사) + चाहिए

<table>
<tr><td rowspan="4">मुझे</td><td>काम</td><td>करना</td><td rowspan="4">चाहिए</td><td>(था)।</td></tr>
<tr><td>पैसे</td><td>बदलने</td><td>(थे)।</td></tr>
<tr><td>गाड़ी</td><td>चलानी</td><td>(थी)।</td></tr>
<tr><td>ख़बरें</td><td>देखनी</td><td>(थीं)।</td></tr>
</table>

말하기

1

क्या	इस रेस्तराँ में यहाँ	मुग़लई व्यंजन	मिलेगा ?
		शीतल पेय	
		शाकाहारी थाली	मिलेगी ?
		बच्चों के लिए कुर्सी	
तुम्हें	दिल्ली में	साफ़ और सस्ता मकान	मिलेगा।
		अच्छी नौकरी	मिलेगी।

2

तुम्हें और क्या चाहिए ?

मुझे	मिनेरल वाटर	(नहीं)	चाहिए।
	चपाती		
	काँटा		
	चम्मच		
	हाथ धोने का पानी		
	रसीद		
	कुछ	नहीं	

3

यह कैसा लग रहा है?

(मुझे)	पालक पनीर	थोड़ा-सा	नमकीन	लग रहा है।
	मैंगो लस्सी	थोड़ी-सी	मीठी	लग रही है।
	बिरयानी	ज़्यादा	स्वादिष्ट	
	मुग़लई व्यंजन	दक्षिण भारतीय व्यंजन से	मसालेदार	लग रहे हैं।

4 친구와 역할놀이를 하면서 좋아하는 인도 음식을 주문해보세요.

듣기

1. 잘 듣고 빈칸에 알맞은 단어를 쓰세요.

1) हम एक ______________, दो ______________ और एक ______________ लेंगे।

2) यहाँ ______________ शाकाहारी थाली ______________ है।

3) ______________ को ______________ से लेना ______________ ।

2. 주어진 대화를 듣고 각각의 질문에 답하세요.

1) क्या लंच के समय रेस्तराँ में तंदूरी चिकन मिलेगा?

① हाँ, तंदूरी चिकन मिलता है।

② नहीं, तंदूरी चिकन नहीं मिलता।

2) आशा लंच में क्या खाना चाहती है?

① बिरयानी

② मोमो या नूडल

3) मनोज और आशा लंच लेने कहाँ चलेंगे?

① वे चीनी रेस्तराँ चलेंगे।

② वे फ़ूडकोर्ट चलेंगे।

3. 대화를 듣고 각각의 질문에 답하세요.

1) ① ②

2) ① ②

3) ① ②

읽기

1. 그림과 적절한 맛의 표현을 연결하세요.

① 고추

② 초콜렛

③ 레몬

④ 소금

⑤ 여주

मीठा　　नमकीन　　तीखा　　कड़वा　　खट्टा

2. 주어진 정보를 보고 틀린 것을 고르세요.

सुंदर रेस्तराँ

लिस्ट	रेट	लिस्ट	रेट
शाही पनीर	75	प्लेन रोटी	10
शाही कोरमा	80	बटर नान	20
प्याज़ पराँठा	15	दही	10
आलू पराँठा	15	मीठी लस्सी	20

① प्याज़ पराँठा का दाम 15 है।　　② शाही पनीर का दाम 80 है।

③ सुंदर रेस्तराँ में प्लेन रोटी मिलती है।　　④ सुंदर रेस्तराँ में छोले भटूरे नहीं मिलते।

3-4. 지문을 읽고 문제에 답하세요.

भारत में अलग-अलग प्रदेशों के नाम से थालियाँ हैं, जैसे - पंजाबी थाली, राजस्थानी थाली आदि। थाली का मतलब है प्लेट। अलग-अलग नाम की थालियों में उन राज्यों के प्रमुख व्यंजन होते हैं। शाकाहारी पंजाबी थाली में आपको पालक पनीर, दाल तड़का, छोले भटूरे, आलू पराँठा और जीरा आलू मिलेगा। साउथ इंडियन थाली में डोसा, इडली, वड़ा, साँभर आदि होते हैं।

3. शाकाहारी पंजाबी थाली में क्या नहीं मिलता?

① डोसा
② पालक पनीर
③ जीरा आलू
④ छोले भटूरे

4. थाली के संबंध में ग़लत कथन क्या है?

① भारत में अलग-अलग थालियाँ हैं।
② थाली का मतलब प्लेट है।
③ थाली का मतलब प्रदेशों का नाम है।
④ साउथ इंडियन थाली में डोसा मिलता है।

쓰기

1. 괄호 안에 주어진 단어를 활용하여 작문하세요.

1) 여기에서 남인도 음식을 구할 수 있나요?

(भारतीय यहाँ क्या व्यंजन मिलना दक्षिण)

2) 이 비르야니가 조금 싱거웠어요.

(होना फीका बिरयानी लगना यह थोड़ा)

3) 내가 번번이 쇼핑몰에서 (우연히) 친구를 만난다.

(मॉल बार-बार मित्र मैं मिलना पर)

2. 틀린 부분을 찾아 바르게 고치세요.

1) मुझे पराँठा और लस्सी चाहिए होगा।

2) मुझे कोरियाई खाना भारतीय खाना से मसालेदार नहीं लगता।

3) तुम हिंदी सीखनी चाहिए।

3. 힌디어로 작문하세요.

1) 여기 채식은 뭐가 있나요?

2) 채식 탈리에 무엇무엇이 들어가나요?

3) 무글라이 탈리로 하겠습니다.

4) 당신은 뭐가 더 필요하시나요?

5) 아무것도 필요 없습니다.

6) 먼저 손 씻을 물 가져오세요.

7) 뜨거운 짜이가 있을까요?

8) 빨락 빠니르가 조금 짜네요.

9) 거기에 다히를 넣어서 먹어 봐.

10) 더 맛있어질 거야.

관련 어휘

आलू पराठा/ आलू पराँठा	명사 (남)	알루 빠라타(양념한 으깬 감자를 반죽에 넣은 뒤 기름으로 구운 빵)
इडली	명사 (여)	이들리(쌀과 껍질 벗긴 검은콩을 갈아 발효시킨 뒤 쪄낸 담백한 빵)
काँटा	명사 (남)	가시; 포크
केरल	명사 (남)	께랄라(인도 지명)
ख़बर	명사 (여)	소식, 뉴스
गुजरात	명사 (남)	구즈라뜨(인도 지명)
गुजराती	형용사/ 명사 (여)	구즈라뜨 지방의/ 구즈라띠어
गाड़ी	명사 (여)	차(車)
चपाती	명사 (여)	짜빠띠(둥글납작한 가정식 통밀빵)
चम्मच	명사 (남)	숟가락
छोले भटूरे	명사 (남)	촐레 바뚜레(병아리콩 커리와 튀긴 빵)
जीरा आलू	명사 (남)	지라 알루(커민 씨앗으로 양념한 감자 요리)
दाल तड़का	명사 (남)	달 따르까(향신료와 콩으로 걸쭉하게 요리한 인도 음식)
नौकरी	명사 (여)	직업, 일자리
पंजाबी	형용사/ 명사 (여)	뻔잡 지방의/ 뻔잡어
पालक पनीर	명사 (남)	빨락빠니르(시금치와 생치즈를 넣고 걸쭉하게 요리한 인도 음식)
पेय	명사 (남)	음료

प्रदेश	명사 (남)	지역
प्रमुख	형용사	주요한
प्लेट	명사 (남)	접시
बदलना	동사 (자)/ 동사 (타)	바뀌다, 변화하다/ 바꾸다, 변화시키다
बर्तन	명사 (남)	그릇, 식기
बिरयानी	명사 (여)	비르야니(채소, 또는 닭고기나 양고기를 넣은 인도식 볶음밥)
मटन	명사 (남)	양고기
मतलब	명사 (남)	의미
मलाई टिक्का	명사 (남)	말라이 띠까(우유나 크림으로 양념하여 화덕에 구운 꼬치)
मित्र	명사 (남)	친구
मीठा	형용사	단, 달콤한
मुग़लई	형용사	무갈의
रसीद	명사 (여)	수령, 수취; 영수증
रास्ता	명사 (남)	길, 도로
लस्सी	명사 (여)	라씨(요거트에 물, 과일, 향신료 등을 섞어 만든 음료)
वड़ा	명사 (남)	바라(콩류를 갈아 둥글게 튀긴 빵)
शीतल	형용사	시원한, 청량한
साँभर	명사 (남)	상바르(채소가 들어간 콩 수프)
सीट	명사 (여)	좌석; 의석

문화이해

탈리(**थाली**)는 넓은 금속 쟁반을 가리키며, 동시에 그 쟁반에 차린 음식을 가리킵니다. 여러 음식이 둥근 쟁반에 한꺼번에 담겨 나오는 탈리는 밥, 국, 밑반찬으로 구성된 우리나라의 백반을 떠올리게 합니다. 일반적으로 인도식 빵이나 밥이 탈리 중앙에 놓이고, 달(**दाल**), 채소(**सब्ज़ी**), 각종 소스 및 미타이 등이 작은 그릇(**कटोरी**)에 담겨 가장자리에 둥글게 배치됩니다. 인도인들은 식습관에 따라 채식과 비채식을 구분하는데 탈리의 경우에도 채식 탈리와 비(非)채식 탈리가 있습니다. 비(非)채식 탈리에는 고기 요리가 포함됩니다. 탈리는 인도의 지역에 따라 차이를 보입니다. 빠빠르(**पापड़**), 짜빠띠(**चपाती**)와 같은 빵이 주식인 북부 인도의 탈리와는 달리 남부 인도의 탈리에는 밥이 있는 경우가 많으며, 금속 쟁반 대신 바나나 잎에 차려지기도 합니다.

मेमो

पाठ 12

कल मेरा जन्मदिन है।
내일은 내 생일입니다.

학습목표

- 지인의 집을 방문할 때 사용하는 표현을 배운다.
- 초대에 응하거나 거절하는 문장을 만들 수 있다.
- 조동사 **सकना**의 용법을 익힌다.
- 여격주어구문을 사용하여 '알다'를 표현한다.
- 관계형용사 **जैसा**를 활용하여 문장을 만들 수 있다.

भारतीय अपने घर मेहमान कब बुलाते हैं?	인도인은 언제 손님을 초대하나요?
भारत के त्योहारों के बारे में मालूम है?	인도의 축제를 아나요?
अभिनंदन की अभिव्यक्ति कैसे होती है?	축하 인사는 어떻게 하나요?
भारतीय मिठाई कब भेंट करते हैं?	인도인은 언제 미타이를 선물하나요?

대화 1

मनोज सुजी, तुम कल मेरे यहाँ आ सकती हो?

कल मेरा जन्मदिन है।

마노즈 수지야, 너 내일 우리 집에 올 수 있어?

내일 내 생일이야.

सुजी अरे वाह! बहुत अच्छा। मुबारक हो।

मैं ज़रूर आऊँगी।

수지 우와! 좋다. 축하해.

나 꼭 갈게.

मनोज मेरे माता-पिता जी तुमसे मिलना चाहते हैं।

마노즈 우리 부모님이 너를 만나고 싶어 하셔.

सुजी मैं ज़रूर इनसे मिलूँगी।

और मैं तुम्हारी छोटी बहन से भी मिल सकती हूँ?

수지 나 꼭 만날게.

그리고 네 여동생도 만날 수 있을까?

मनोज लेकिन वह तो समर कैंप के कारण कल घर में नहीं होगी।

बाद में उससे मिलना।

마노즈 그런데 걔는 여름 캠프 때문에 내일 집에 없을 거야.

나중에 만나.

सुजी अच्छा, मनोज, जन्मदिन के गिफ़्ट के रूप में तुम क्या लेना पसंद करोगे?

수지 알았어, 마노즈, 생일 선물로 너 뭐 받고 싶어?

मनोज कुछ नहीं चाहिए।

बस, तुम आ जाना।

마노즈 아무것도 필요 없어.

그냥, 오기나 해.

기본 어휘 1

गिफ़्ट	명사 (남)	선물
जन्मदिन	명사 (남)	생일, 탄신일
सकना	동사 (자)	할 수 있다
समर कैंप	명사 (남)	여름 캠프

문법 설명 1

조동사 सकना

सकना '할 수 있다'는 본동사 뒤에 나타나 가능성을 나타낸다. 본동사는 어간만 쓰이고 조동사는 시제와 일치에 따른 변화를 한다.

मैं आज काम कर सकता हूँ। '나는 오늘 일을 할 수 있다.'

क्या तुम हिन्दी बोल सकती हो? '너 힌디어 말할 수 있지?'

हम साथ जा सकेंगे। '우리 함께 갈 수 있을 거야.'

여격주어구문

- [여격주어+ 명사(대상) + मालूम होना]

형용사 मालूम '아는'은 होना 동사와 함께 여격주어구문에서 쓰인다.

उसे तुम्हारा नाम मालूम है। '그는 네 이름을 안다.'

आपको यह बात मालूम थी। '당신은 이 일을 알고 있었다.'

मुझे मालूम नहीं था। '나는 몰랐어요.'

대화 2

मनोज	सुजी, इनसे मिलिए।
	ये मेरी दादी जी, माता जी और पिता जी हैं।
마노즈	수지야, 인사드려.
	나의 할머니, 어머니 그리고 아버지셔.
सुजी	नमस्ते जी। मेरा नाम सुजी है, मैं दक्षिण कोरिया से हूँ।
수지	안녕하세요. 제 이름은 수지예요, 저는 한국에서 왔어요.
दादी जी	अच्छा, हमारे घर में आपका बहुत स्वागत है।
할머니	그래, 우리 집에 온 걸 환영한단다.
सुजी	आप लोगों से मिलकर मुझे बहुत ख़ुशी हुई है।
수지	만나서 정말 기뻐요.
दादी जी	बेटी, तुम यहाँ भारत में क्या करती हो?
할머니	얘야, 여기 인도에서 뭐 하니?
सुजी	जी, मैं कॉलेज में मनोज के साथ हिन्दी पढ़ती हूँ।
수지	네, 저는 대학에서 마노즈와 함께 힌디어를 공부해요.
दादी जी	अच्छा, इसलिए तुम अच्छी तरह हिन्दी बोल सकती हो।
할머니	그래, 그래서 힌디어를 잘 말하는구나.

मनोज दादी जी, सुजी को हिन्दी के अलावा उर्दू भी आती है।

마노즈 할머니, 수지는 힌디어 말고도 우르두어도 할 줄 알아요.

दादी जी तुम बहुत होशियार हो।

इसे अपने घर जैसा मानो, और आराम से बैठो।

할머니 수지는 매우 똑똑하구나.

여길 네 집처럼 생각하고 편하게 앉으려무나.

기본 어휘 2

उर्दू	명사 (여)	우르두어
के अलावा	후치사 (복합)	~ 이외에, ~ 말고도
जैसा	관계형용사/ 부사	저러한/ ~처럼, ~와 같은
बोलना	동사 (자)	말하다
मानना	동사 (타)	인정하다, 간주하다, 여기다
हिन्दी	명사 (여)	힌디어
होशियार	형용사	영리한, 총명한

문법 설명 2

जैसा의 용법

जैसा '저러한'은 관계형용사이다. 때로는 단어 뒤에 쓰여 '~과 같은'의 의미를 나타내기도 한다. **जैसा**는 수식받는 명사의 성·수·격에 따라 변한다. **जैसा**를 선행하는 명사는 사격을 취한다.

आप जैसी महिलाएँ '당신 같은 여성들'

कुत्ते जैसा जीवन '개 같은 인생'

भारत जैसा देश '인도와 같은 나라'

मैं तुम्हें अपने बेटे जैसा मानता हूँ। '나는 너를 내 아들처럼 여긴다.'

여격주어구문

- [여격주어 + 명사/부정사 + आना 동사 '오다']

'오다'라는 뜻의 आना 동사가 여격주어와 함께 '알다', '(~할 줄) 알다'라는 뜻으로 사용된다. 부정사가 타동사일 경우 부정사의 목적어에 일치한다.

मुझे उर्दू आती है। '나는 우르두어를 압니다.'

मुझे गाड़ी चलानी आती है। '나는 운전할 줄 압니다.'

क्या तुम्हें भारतीय खाना बनाना आता है? '너 인도 음식 만들 줄 아니?'

문형 이해하기

1. 여격주어 + 명사(대상) + मालूम होना

<table>
<tr><td rowspan="2">मुझे</td><td>रास्ता</td><td rowspan="5">मालूम</td><td colspan="2" rowspan="2">है।</td></tr>
<tr><td>घर का सारा समाचार</td></tr>
<tr><td>तुम्हें</td><td>उसका ईमेल पता</td><td colspan="2">होगा।</td></tr>
<tr><td>हमें</td><td>सच</td><td rowspan="2">नहीं</td><td>(है)।</td></tr>
<tr><td>सब लोगों को</td><td>यह घटना</td><td>थी।</td></tr>
</table>

2. 여격주어 + 명사/부정사 + आना 동사

<table>
<tr><td colspan="2" rowspan="4">मुझे</td><td>भारतीय खाना</td><td>पकाना</td><td rowspan="2">आता</td><td>है।</td></tr>
<tr><td>कोई ख़ास व्यंजन</td><td>बनाना</td><td>था।</td></tr>
<tr><td>गाड़ी</td><td>चलानी</td><td rowspan="4">आती</td><td>है।</td></tr>
<tr><td>उर्दू</td><td>लिखनी</td><td>थी।</td></tr>
<tr><td rowspan="2">(क्या)</td><td rowspan="2">आपको</td><td colspan="2">हिन्दी</td><td rowspan="2">है?</td></tr>
<tr><td colspan="2">कोरियाई</td></tr>
</table>

말하기

1

(क्या)	आप	कल परसों इस विकेंड में	मेरे यहाँ मेरे जन्मदिन पार्टी में मीटिंग में संगीत समारोह में दावत में	आ	सकते/ सकती	हैं?
		उसे		बुला		

माफ़ करें,	मैं	बीमारी इम्तहान कुछ काम ख़राब मौसम ट्रैफ़िक ज़ाम	के कारण	नहीं	आ	सकूँगा/ सकूँगी।

2

जन्मदिन	की	बहुत	बधाइयाँ!
दीवाली	की	हार्दिक	शुभकामनाएँ!
होली	मुबारक		हो!
नव वर्ष/नये साल	शुभ		हो!
आपका दिन	मंगलमय		हो!

듣기

1. 잘 듣고 빈칸에 알맞은 단어를 쓰세요.

1) तुम कल ______ ______ आ ______ हो?

2) दीवाली ______ हार्दिक ______ ।

3) यहीं ______ घर ______ ______ आराम से बैठो।

2. 주어진 대화를 듣고 각각의 질문에 답하세요.

1) इस होली में मनोज के यहाँ कौन आएगा?

① सुजी का परिवार

② मनोज के चाचाजी का परिवार

2) होली में पुराने कपड़े क्यों पहनते हैं?

① क्योंकि लोग आपस में रंग डालेंगे।

② क्योंकि बहुत मज़ा आएगा।

3) होली किसका त्योहार है?

① रंग

② रोशनी

3. 대화를 듣고 각각의 질문에 답하세요.

1) ①　　②

2) ①　　②

3) ①　　②

읽기

1-2. 주어진 글을 읽고 질문에 답하세요.

प्रिय प्रज्ञा

तुम कैसी हो? मैं विदेश में ठीक हूँ।
25 मई को तुम्हारा जन्मदिन है। मेरी ओर से तुम्हें जन्मदिन की बधाई।
अपने माता-पिताजी को मेरी नमस्ते कहना। (   ) छोटी बहन आशा को प्यार।

तुम्हारी सहेली
उदिता

1. कोष्ठक की पूर्ति के लिए उचित विकल्प चुनिए।

① और ② लेकिन
③ क्योंकि ④ इसलिए

2. उपर्युक्त गद्यांश के अनुसार कौन-सा कथन सही है?[1)]

① प्रज्ञा की सहेली आशा है।
② प्रज्ञा का जन्मदिन 25 मई को है।
③ प्रज्ञा आशा को प्यार देती है।
④ प्रज्ञा अपनी माताजी को नमस्ते देती है।

---

1) 위 지문에 맞는 답을 고르세요.

3-4. 지문을 읽고 문제에 답하세요.

दिवाली भारत के बड़े त्योहारों में से एक है। यह रोशनी का त्योहार है। यह अक्टूबर-नवंबर में होता है। दिवाली से पहले लोग अपने घरों की साफ़-सफ़ाई करते हैं। दिवाली के दिन लोग अपने घरों को सजाते हैं। दुकानदार अपनी दुकान और बाज़ार को सजाते हैं। पहले, लोग मिट्टी के दीये जलाते थे, लेकिन आजकल मोमबत्ती और बिजली की बत्तियाँ जलाते हैं। बच्चे ख़ुशी में पटाखे छोड़ते हैं। महिलाएँ स्वादिष्ट पकवान बनाती हैं। लोग मिठाई खाते और बाँटते हैं। एक सप्ताह तक सब जगह धूमधाम रहता है।

3. दिवाली के दिन बच्चे क्या करते हैं?

① अपने घर की सफाई करना
② मिठाई ख़रीदना
③ स्वादिष्ट पकवान बनाना
④ पटाखे छोड़ना

4. दिवाली के संबंध में ग़लत कथन क्या है?

① दिवाली भारत के बड़े त्योहारों में से एक है।
② दिवाली रोशनी का पर्व है।
③ दिवाली अगस्त-सितंबर में होता है।
④ दिवाली के दिन सब जगह धूमधाम रहता है।

쓰기

1. 괄호 안에 주어진 단어를 활용하여 작문하세요.

1) 새해 복 많이 받으세요. (वर्ष होना नव मुबारक)

2) 나는 그의 주소를 알고 있다. (का मालूम मैं पता वह होना)

3) 나는 힌디어를 쓸 줄 압니다. (आना मैं होना लिखना हिन्दी)

2. 틀린 부분을 찾아 바르게 고치세요.

1) मेरे घर में आप स्वागत है।

2) क्या तुम कल मेरे यहाँ आना सकते हो?

3) आप लोगों के बीच में मैं बहुत अच्छा लग रहा है।

3. 힌디어로 작문하세요.

1) 너(여성) 내일 우리 집에 올 수 있니?

2) 당신은(남성) 이 일을 하실 수 있습니까?

3) 생일 축하해.

4) 우리 가족과 만나세요.

5) (당신을) 만나서 반가웠어요.

6) 나는 그의 이름을 몰랐었다.

7) 나는(여성) 힌디어를 말할 수 있습니다. (सकना 동사)

8) 너는 힌디어를 잘 아는구나. (आना 동사)

9) 그가 운전할 줄 아나요? (आना 동사)

10) 나는(남성) 어제 시험 때문에 오지 못했습니다.

관련 어휘

इम्तहान/इम्तिहान	명사 (남)	시험
ईमेल	명사 (남)	이메일
ख़राब	형용사	나쁜; 상한; 고장 난
ट्रैफ़िक ज़ाम	명사 (남)	교통 체증
त्योहार/त्यौहार	명사 (남)	명절, 축제
दावत	명사 (남)	연회, 파티
दीया	명사 (남)	등불
दूसरा	형용사	두 번째의; 다른
धूमधाम	명사 (남)	소란, 혼잡
नव	형용사	새로운
पकवान	명사 (남)	요리; 조리된 음식
पताखा	명사 (남)	폭죽
पता	명사 (남)	주소; 앎, 정보, 지식
प्यार	명사 (남)	사랑, 애정
बत्ती	명사 (여)	심지; 등(燈), 램프
बधाई	명사 (여)	축하, 경축
बाँटना	동사 (타)	나누다, 분배하다
बिजली	명사 (여)	번개; 전기

बीमारी	명사 (여)	병(病)
मंगलमय	형용사	길한, 상서로운
मनाना	동사 (타)	(명절을) 쇠다, 기념하다; 설득하다
मिट्टी	명사 (여)	흙
मोमबत्ती	명사 (여)	초, 양초
रोशनी	명사 (여)	빛, 광채
शुभ	형용사	길한, 상서로운
कामना	명사 (여)	욕구, 바람, 소원
मीटिंग	명사 (여)	회의, 모임
सजाना	동사 (타)	장식하다, 꾸미다; 정돈하다
समारोह	명사 (남)	축전, 의식, 예식
सारा	형용사	전부, 모든, 전체의
सुखद	형용사	행복한
वर्ष	명사 (남)	해, 년(年)
हार्दिक	형용사	마음에서 우러난, 진심의, 성심성의의

문화이해

미타이(मिठाई)는 인도 당과(Indian Sweets)를 가리키는 말로, ‘달콤한’이라는 힌디어 형용사 미타(मिठा)에서 파생된 명사입니다. 인도의 시장이나 상점가를 지나는 경우에 항상 볼 수 있는 가게 중의 하나가 미타이 가게입니다. 어디를 가나 미타이 가게를 볼 수 있다는 점에서 그 인기와 수요를 알 수 있습니다. 미타이는 설탕, 우유, 연유, 곡분류를 주재료로 우유기름(घी)에 튀기거나 쪄서 만들며, 각종 견과류, 향신료도 첨가됩니다. 미타이는 지역마다 재료와 풍미 등에서 나름의 특징을 갖고 있습니다. 대표적인 미타이로는 ‘바르피(बर्फ़ी)’, ‘할와(हलवा)’, ‘랏두(लड्डू)’, ‘굴랍 자문(गुलाब जामुन)’, ‘잘레비(जलेबी)’, ‘까뜰리(कतली), ‘뻬타(पेठा)’ 등이 있습니다. 미타이는 디왈리, 홀리 등의 명절을 준비할 때 빼놓을 수 없는 물품입니다. 인도의 명절이 다가오면 미타이 가게마다 선물용 미타이 상자가 가득 쌓여 있는 것을 볼 수 있습니다. 우리나라에서 경사가 있거나 중요한 행사가 있을 때 떡을 돌리는 풍습이 있는데, 인도에서 우리의 떡에 해당하는 것이 바로 미타이입니다.

नमस्ते

부록

परिशिष्ट

- 듣기 지문
- 정답

धन्यवाद

श्रव्य पाठ

듣기 지문

पाठ 01

3 दिवाली भारत के बड़े त्योहारों में से एक है। यह रोशनी का पर्व है। यह अक्टूबर-नवंबर में होता है। दिवाली से पहले लोग अपने घरों की साफ़-सफ़ाई करते हैं। दिवाली के दिन लोग अपने घरों को सजाते हैं। दुकानदार अपनी दुकान और बाज़ार को सजाते हैं। पहले, लोग मिट्टी के दीये जलाते थे, लेकिन आजकल मोमबत्ती और बिजली की बत्तियाँ जलाते हैं। बच्चे ख़ुशी में पटाखे छोड़ते हैं। महिलाएँ स्वादिष्ट पकवान बनाती हैं। लोग मिठाई खाते और बाँटते हैं। एक सप्ताह तक सब जगह धूमधाम रहता है।

पाठ 02

3 प्रो॰ अनिल: नमस्ते ज्योति जी। जीमिन कहाँ से है?

डॉ॰ ज्योति: नमस्ते जी। वह सऊल से है।

प्रो॰ अनिल: जीमिन की उम्र क्या है?

डॉ॰ ज्योति: बीस साल है।

प्रो॰ अनिल: क्या जीमिन डॉक्टर है?

डॉ॰ ज्योति: जी नहीं, वह डॉक्टर नहीं है। वह छात्र है।

पाठ 03

3 जीमिन: ज्योति जी, आपके परिवार में कितने लोग हैं?

डॉ॰ज्योति: पाँच हैं। पिता जी, माता जी, एक बेटा, एक बेटी और मैं हूँ।

जीमिन: आपके बेटे क्या करते हैं।

डॉ॰ज्योति: वे दोनों स्कूल में पढ़ते हैं।

पाठ 04

3 डॉ॰ ज्योति: अनिल जी, आपके घर में कितने कमरे हैं?

प्रो॰ अनिल: मेरे घर में पाँच कमरे हैं। दो बड़े, तीन छोटे।

डॉ॰ ज्योति: क्या आपका कमरा बड़ा है?

प्रो॰ अनिल: नहीं, छोटा है। कमरे में सिर्फ़ पलंग ही है, मेज़ भी नहीं है।

पाठ 05

2 मनोज: सुजी, आज कौन-सा दिन है?

सुजी: आज गुरुवार है। मनोज, जानते हो? हर गुरुवार को क्रिकेट मैच होता है।

मनोज: कितने बजे?

सुजी: साढ़े पाँच बजे शुरू होता है।

मनोज: अच्छा, तो हम चार बजे मिलते हैं।

3

मनोज: जीमिन, तुम इस मंगलवार को क्या कर रहे हो?

जीमिन: मैं हर मंगलवार को आशा के साथ सितार सीखता हूँ। क्यों पूछ रहे हो, मनोज?

मनोज: क्योंकि मैं तुम्हारे साथ फ़िल्म देखना चाहता हूँ।

जीमिन: अच्छा, फ़िल्म कितने बजे शुरू होती है?

मनोज: शाम को साढ़े नौ बजे। तुम आशा के साथ साढ़े आठ बजे तक आओ।

1) जीमिन हर मंगलवार को क्या करता है?

① वह आशा के साथ फ़िल्म देखता है।

② वह सितार सीखता है।

2) मनोज जीमिन के साथ क्या करना चाहता है?

① वह मनोज के साथ हिन्दी पढ़ना चाहता है।

② वह फ़िल्म देखना चाहता है।

3) ये लोग कितने बजे मिलते हैं?

① ये साढ़े नौ बजे मिलते हैं।

② ये साढ़े आठ बजे मिलते हैं।

पाठ 06

2

दुकानदार: आइए, आइए।

सुजी: आपके पास कोई अच्छा थैला है?

दुकानदार: ज़रूर, यह पीला वाला देखिए। यह राजस्थान का है।

सुजी: यह कितने का है?

दुकानदार: सिर्फ पाँच सौ रुपये ही हैं।

सुजी: अच्छा, लेकिन मेरे पास सिर्फ़ चार सौ रुपये हैं। इसलिए एक सौ कम कर दीजिए।

3

जीमिन: भैया, यह सेब कितने का है?

फलवाला: जी, पच्चास रुपये किलो।

जीमिन: अच्छा, सेब दो किलो दे देना। और वह बड़ा वाला पपीता भी देना।

फलवाला: जी, वह पपीता एक सौ रुपये का है। कुछ और चाहिए?

जीमिन: क्या आपके पास टमाटर भी है?

फलवाला: जी नहीं, टमाटर नहीं है।

1) जीमिन क्या ख़रीद रहा है?

① वह फल ख़रीद रहा है।

② वह सब्ज़ी ख़रीद रहा है।

2) फलवाले के पास क्या-कया है?

① उसके पास सेब, पपीता और टमाटर हैं।

② उसके पास सेब और पपीता हैं।

3) पपीता कितने का है?

① वह पच्चास रुपये का है।

② वह एक सौ रुपये का है।

पाठ 07

2

आशा:	क्या हुआ सुजी? आज तुम थकी लग रही हो।
सुजी:	हाँ, कल परीक्षा है। आज मैं सुबह से हिन्दी पढ़ रही हूँ।
आशा:	अरे, कल तो छुट्टी है, परीक्षा परसों है न? चिंता मत करो।
सुजी:	परसों? तब तो मेरे पास काफ़ी समय है। यह जानकर मुझे ख़ुशी (हुई) है। आशा, चलो। हम कुछ खाने रेस्तराँ चलें।
आशा:	ठीक है, चलो।

3 मनोज: जीमिन, तुम भारतीय खाने में क्या पसंद करते हो?

जीमिन: मैं साँभर के साथ डोसा खाना पसंद करता हूँ।

मनोज: अच्छा, तुम्हें दक्षिण भारतीय खाना अच्छा लगता है? क्यों?

जीमिन: दक्षिण भारतीय खाने में मसाला कम है। मुझे मसालेदार खाना पसंद नहीं है।

मनोज: ठीक है, तो चलो अभी सी॰पी॰ चलते हैं, डोसा और उत्तपम खाने।

1) जीमिन भारतीय खाने में से क्या पसंद करता है?

① वह रोटी और तंदूरी चिकन पसंद करता है।

② वह साँभर और डोसा पसंद करता है।

2) जीमिन को दक्षिण भारतीय खाना क्यों पसंद है?

① क्योंकि उसे मसालेदार खाना पसंद है।

② क्योंकि उसे मसालेदार खाना पसंद नहीं है।

3) जीमिन और मनोज उत्तपम खाने कहाँ जाते हैं?

① वे उत्तपम खाने सी॰पी॰ जाते हैं।

② वे उत्तपम खाने यू॰पी॰ जाते हैं।

पाठ 08

2 मनोज: सुजी, कोरिया में वसंत ऋतु कब होती है?

सुजी: कोरिया में वसंत मार्च से मई तक होता है।

मनोज: मार्च का मौसम कैसा है? गरम तो नहीं है?

सुजी: दिल्ली से कम गरमी होती है। मार्च में कभी बारिश होती है, कभी सर्दी भी पड़ती है।

मनोज: अच्छा, दिल्ली में मार्च से गरमी शुरू हो जाती है।

3 डॉ॰ज्योति: अनिल जी, आपके पास छाता है?

प्रो॰अनिल: ज्योति जी, क्या हुआ? क्या अभी बारिश हो रही है?

डॉ॰ज्योति: नहीं जी, बाहर देखिए। अभी बर्फ़ पड़ रही है।

प्रो॰अनिल: अरे, मेरे पास भी छाता नहीं है। लेकिन मुझे लगता है कि थोड़ी देर में ख़त्म होगी।

1) क्या अनिल जी के पास छाता है?

① हाँ, उनके पास छाता है।

② नहीं, उनके पास छाता नहीं है।

2) क्या अभी बारिश हो रही है?

① हाँ, अभी बारिश हो रही है।

② नहीं, अभी बर्फ़ पड़ रही है।

3) बर्फ़ कब ख़त्म होगी?

① कल ख़त्म होगी।

② थोड़ी देर में ख़त्म होगी।

पाठ 09

2

नामजून:	जीमिन, तुम मार्च में भारत जाओगे न?
जीमिन:	हाँ, मैं जाकर ताजमहल देखूँगा।
नामजून:	तुम ताजमहल देखने के बाद क्या करोगे?
जीमिन:	मैं बाज़ार जाकर पकौड़े और मिठाई खाऊँगा। नामजून, मैं तुम्हारे लिए भी ले आऊँगा।
नामजून:	मिठाई ख़रीदना ज़रूरी नहीं। लेकिन मुझे तो सिर्फ़ पोस्टकार्ड भेज देना।
जीमिन:	अच्छा, ठीक है।

3 सुजी आजकल भारतीय खाना पकाने की शौक़ीन है।

इसलिए वह हर वीकेंड में पुष्पा जी से खाना पकाना सीखती है।

पुष्पा जी एक कॉलेज के पीछे रहती हैं।

पुष्पा जी चेन्नई से हैं। इसलिए दक्षिण भारतीय खाना अच्छा बनाती हैं।

इस वीकेंड में पुष्पा जी सुजी को आलू मसाला डोसा बनाना सिखाएँगी।

लेकिन सुजी को आलू नापसंद है। उसे उत्तपम सबसे ज़्यादा पसंद है।

1) सुजी आजकल हर वीकेंड क्या करती है?

① भारतीय खाना पकाना सीखती है।

② भारतीय खाना खाती है।

2) पुष्पा जी कहाँ रहती हैं?

① दक्षिण भारत, चेन्नई में

② कॉलेज के पीछे

3) सुजी को भारतीय खाने सबसे ज़्यादा क्या पसंद है?

① उत्तपम

② आलू मसाला डोसा

पाठ 10

2 मनोज: सुजी, बचपन में तुम कैसी लड़की थी?

सुजी: मैं? मैं बचपन में अच्छी लड़की नहीं थी।

बचपन में, मैं अपनी माँ को तंग करती थी।

मैं देर से सोती और देर से उठती थी। दिन-भर खेलती ही थी।

मनोज: तुम कितने बजे सोती और उठती थी?

सुजी: मैं अक्सर रात को बारह बजे सोती थी। और दोपहर को उठती थी।

3 डॉ॰ज्योति: अनिल जी, आज फ़िल्म देखने कहाँ चलेंगे?

प्रो॰अनिल: ज्योति जी, हम पीतमपुरा चलेंगे। फ़िल्म शाम को सात बजे शुरू होगी।

डॉ॰ज्योति: अरे, अब साढ़े छः बजे। हम कैसे चलेंग?

वहाँ पहुँचने में बस से कम से कम बीस मिनट लगते है।

प्रो॰अनिल: चिंता न कीजिए। हम ऑटो रिक्शे से चलेंगे। इससे सिर्फ़ दस मिनट ही लगेंगे।

1) फ़िल्म कितने बजे शुरू होगी?

① साढ़े छः बजे

② सात बजे

2) अनिल जी और ज्योति जी पीतमपुरा कैसे चलते हैं?

① वे ऑटो से चलेंगे।

② वे बस से चलेंगे।

3) बस से पीतमपुरा पहुँचने में कितने मिनट लगते हैं?

① दस मिनट

② बीस मिनट

पाठ 11

2

मनोज:	लंच का समय है। मुझे भूख लग रही है। आशा, हम बाहर लंच करने चलें?
आशा:	हाँ, मनोज, तुम क्या खाना चाहते हो?
मनोज:	आज मैं तंदूरी चिकन खाना चाहता हूँ।
आशा:	लेकिन लंच के समय तंदूरी चिकन नहीं मिलता।
मनोज:	तो चीनी रेस्तराँ जाकर मोमो या नूडल खाएँगे?
आशा:	मुझे चीनी व्यंजन नापसंद हैं। मैं बिरयानी खाना चाहती हूँ।

मनोजः	अच्छा, हम सामने वाले मॉल में फ़ूडकोर्ट चलें। वहाँ मोमो और नूडल मिलेगा, बिरयानी भी।

3

जीमिनः	हलो, मैं आज शाम की बुकिंग करना चाहता हूँ।
बैराः	आप कितने लोग हैं?
जीमिनः	हम कुल चार लोग हैं। हमें खिड़की वाली सीट चाहिए।
बैराः	जी। आप किस समय बूंकिंग करना चाहते हैं?
जीमिनः	हम आठ बजे तक आएँगे।
बैराः	कृपया अपना नाम बताइएगा।
जीमिनः	मेरा नाम जीमिन है। आपके यहाँ कौन-सा खाना अच्छा है?
बैराः	हमारा रेस्तराँ टिक्के के लिए मशहूर है। अचारी मछली टिक्का सबसे स्वादिष्ट है।
जीमिनः	क्या आपके यहाँ चिकन मलाई टिक्का भी मिलेगा?
बैराः	जी नहीं, लेकिन आपको मटन मलाई टिक्का या पनीर टिक्का मसाला मिलेगा।
जीमिनः	अच्छा, ठीक है।

1) जीमिन किस समय तक रेस्तराँ जाएगा?

① पाँच बजे तक।

② आठ बजे तक।

2) रेस्तराँ में क्या सबसे स्वादिष्ट है?

① अचारी मछली टिक्का।

② पनीर टिक्का।

3) रेस्तराँ में और कौन-सा टिक्का मिलेगा?

① चिकन मलाई टिक्का।

② मटन मलाई टिक्का।

पाठ 12

2

सुजी: मनोज, होली आ रही है।

मनोज: सुजी, तुम इस होली में क्या करोगी?

सुजी: मेरे पास कुछ भी करने को नहीं है।

मनोज: तो तुम मेरे यहाँ आकर साथ होली मनाओगी? उस दिन मेरे चाचाजी का परिवार भी मुंबई से आएगा।

सुजी: हाँ, मैं ज़रूर आऊँगी।

मनोज: अच्छा, सुनो। उस दिन तुम नये कपड़े मत पहनो। कुछ पुराने कपड़े पहनकर आओ।

सुजी: क्यों?

मनोज: होली रंगों का त्योहार है न? हम आपस में एक दूसरे पर रंग डालेंगे।

सुजी: वाह! बहुत मज़ा आएगा।

3 आशा: नमस्ते जीमिन।

जीमिन: आशा, कल तुम्हारे पास समय है?

आशा: क्यों?

जीमिन: तुम जानती हो न, मेरी छोटी बहन जीसू।

आज वह कोरिया से आएगी। वह तुमसे मिलना चाहती है।

आशा: मैं भी उससे मिलना चाहती हूँ।

जीमिन: कल डिनर करने मेरे यहाँ आओ। जीसू कोरिया से खाने-पीने की चीज़ें लेकर आ रही है।

आशा: लेकिन कल मुझे दिन-भर पढ़ना चाहिए, क्योंकि मुझे परसों परीक्षा देनी है।

जीमिन: परीक्षा परसों कब होगी?

आशा: दोपहर बाद तीन बजे।

जीमिन: अच्छा, तो हम तुम्हारी परीक्षा ख़त्म होने के बाद मिलें!

आशा: ठीक है।

1) आज जीमिन के यहाँ कौन आएगी?

① जीसू आएगी।

② आशा आएगी।

2) आशा क्यों कल जीमिन के यहाँ नहीं जा सकती?

① डिनर के कारण

② परिक्षा के कारण

3) आशा और जीसू कब मिलेंगी?

① कल

② परसों

उत्तर माला

정답

पाठ 01

☑ 듣기

1. 1) तुम कैसे हो?
   2) मैं अच्छा हूँ।
   3) क्या हाल है?
2. 1) नमस्ते। आप कैसी हैं।
   2) सब ठीक है
   3) वह जापानी है।
3. 1) ① 2) ① 3) ②

☑ 읽기

1. ③ 2. ① 3. ④ 4. ②

☑ 쓰기

1. 1) तुम कैसी हो?
   2) सब ठीक है।
   3) क्या आप कोरियाई हैं?

2. 1) है
   2) कैसी
   3) अच्छे

3. 1) मैं लड़का हूँ।
   2) तुम लड़की हो?
   3) अनिल जी कैसे हैं?
   4) ज्योति जी कैसी हैं?
   5) क्या आप कोरियाई हैं?
   6) मैं भारतीय नहीं हूँ।
   7) नमस्ते।
   8) धन्यवाद।
   9) वह कौन है?
   10) वह युखी है।

पाठ 02

✓ 듣기

1. 1) तुम्हारा नाम क्या है?
   2) वह लड़की कहाँ से है?
   3) लड़की इक्कीस साल की है।

2. 1) नाम
   2) कहाँ से
   3) स्वागत

3. 1) ② 2) ② 3) ①

✓ 읽기

1. ① रसोइया ② कर्मचारी
   ③ डॉक्टर ④ पुलिस
   ⑤ किसान ⑥ कलाकार

2. ③

3. ③

4. ②

✓ 쓰기

1. 1) लड़की का नाम क्या है?
   2) आशा की उम्र क्या है?
   3) आप कहाँ से हैं?
2. 1) तुम्हारा
   2) हैं
   3) के
3. 1) आपका नाम क्या है?
   2) तुम्हारा नाम क्या है?
   3) मेरा नाम अनिल है।
   4) आप कहाँ से हैं?
   5) मैं दिल्ली से हूँ।
   6) आपकी उम्र क्या है?
   7) मैं बीस साल की हूँ।
   8) आपका स्वागत है।
   9) क्या आप सऊल से हैं?
   10) जी नहीं, मैं सऊल से नहीं हूँ।

पाठ 03

✓ 듣기

1. 1) पुष्पा के परिवार में पाँच लोग हैं।
   2) अनिल जी की तीन लड़कियाँ हैं।
   3) गीता मनोज की बहन है।
2. 1) में
   2) लड़के

3) कितने

3. 1) ① 2) ① 3) ①

읽기

1. ② 2. ③ 3. ④ 4. ③

쓰기

1. 1) मेरे परिवार में पिता जी, माता जी और मैं हूँ।
   2) क्या अनिल जी की चार लड़कियाँ हैं?
   3) मेरे पिता जी स्कूल में संगीत पढ़ाते हैं।
2. 1) आपके
   2) भाई
   3) जानता/जानती
3. 1) तुम्हारे परिवार में कौन-कौन हैं?
   2) आपके कितने भाई और बहनें हैं?
   3) मेरी एक बहन है।
   4) मेरे परिवार में दादी जी और दादा जी हैं।
   5) मेरा कोई भाई नहीं है।
   6) अनिल जी की तीन बेटियाँ हैं।
   7) मेरे पिता जी कंपनी में काम करते हैं।
   8) हम स्कूल में किताब पढ़ते हैं।
   9) अध्यापिका संगीत पढ़ाती हैं।
   10) अनिल जी दिल्ली में रहते हैं।

पाठ 04

✓ 듣기

1\. 1) बस-स्टॉप किधर है?

2) पार्क के पास अस्पताल नहीं है।

3) उस बैंक के दायीं तरफ़ डाकख़ाना है।

2\. 1) दूर

2) कुर्सी

3) नहीं

3\. 1) ① 2) ② 3) ②

✓ 읽기

1\. ② 2. ① 3. ④ 4. ①

✓ 쓰기

1\. 1) इस मेज़ पर कुछ किताबें हैं।

2) उन लड़कों का स्कूल कहाँ है?

3) मेरी किताब उस बड़े कमरे में है।

2\. 1) के

2) खिड़कियाँ

3) के

3\. 1) कमरे में क्या-क्या है?

2) कमरे में दो मेज़ें हैं।

3) मेज़ पर तीन किताबें हैं।

4) पलंग के नीचे थैला है।

5) स्कूल के पीछे पार्क है।

6) पार्क के सामने स्कूल है।

7) क्या मेट्रो स्टेशन घर से दूर है?

8) नहीं, मेट्रो स्टेशन घर के पास है।

9) उस दरवाज़े के ऊपर चित्र है।

10) इस कमरे में कई चित्र हैं।

पाठ 05

듣기

1. 1) क्या, रही
   2) साढ़े, बजे
   3) साल, को
2. 1) ①　　2) ②　　3) ①
3. 1) ②　　2) ②　　3) ②

읽기

1. ① ढाई बजे　　② पौने पाँच बजे
   ③ साढ़े नौ बजे　　④ ग्यारह बजे
2. 1) ③　　2) ②　　3) ①
3. ①
4. ②

쓰기

1. 1) लड़की किताब पढ़ रही है।
   2) अब साढ़े बारह बजे हैं।
   3) तुम किसके साथ जाना चाहते हो?
2. 1) रहा → रहे
   2) बजा → बजे
   3) में → को
3. 1) क्या तुम्हारे पास समय है?
   2) क्या आपके पास समय है?

3) तुम क्या कर रहे/रही हो?

4) मैं स्कूल जा रहा/रही हूँ।

5) मैं तुम्हारे साथ फ़िल्म देखना चाहता हूँ।

6) तुम कल क्या करना चाहते हो?

7) आज कौन-सा दिन है?

8) आज क्या तारीख़ है?

9) आप कितने बजे उठते/उठती हैं?

10) मैं सुबह साढ़े आठ बजे उठता/उठती हूँ।

पाठ 06

듣기

1. 1) सब, कितने
   2) वाला, मत
   3) पास, कोई

2. 1) ① 2) ① 3) ②

3. 1) ① 2) ② 3) ②

읽기

1. ③ 2. ① 3. ③ 4. ④

쓰기

1. 1) आप जल्दी इधर आइए।
   2) आपके पास कोई अच्छा कुरता है?
   3) और कुछ नहीं चाहिए।

2. 1) कर → कीजिए
   2) हो → हैं
   3) वाला → वाली

3. 1) एक किलो आम दीजिए।
   2) एक किलो आम सौ रुपये का है।
   3) लाल वाला दिखाओ।
   4) महँगा वाला नहीं चाहिए, सस्ता वाला दीजिए।
   5) कुछ और चाहिए?
   6) मुझे ताज़ा आम चाहिए।
   7) मुझे कुछ नहीं चाहिए।
   8) आपके पास कोई अच्छा कुरता है?
   9) मेरे पास ज़्यादा पैसे नहीं हैं।
   10) महँगा है, थोड़ा कम कीजिए।

पाठ 07

✓ 듣기

1. 1) ख़ुशी, रही
   2) मुझे, पसंद
   3) खाने, चलें

2. 1) ①   2) ②   3) ①

3. 1) ②   2) ②   3) ①

읽기

1. ① उसे ग़ुस्सा आ रहा है।
   ② उसे दुःख हो रहा है।
   ③ उसे ख़ुशी हो रही है।
2. ① उसे पेट-दर्द लग रहा है।
   ② उसे सर्दी लग रही है।
   ③ उसे गर्मी लग रही है।
3. ①
4. ④

쓰기

1. 1) मैं फ़िल्म देखना पसंद करती हूँ।
   2) तुम आज ख़ुश लग रहे हो।
   3) हम साथ क्रिकेट खेलने स्कूल चलें?
2. 1) मैं → मुझे
   2) अच्छा → अच्छी
   3) रहा → रही
3. 1) मुझे दुःख है।
   2) मुझे ख़ुशी हूँ।
   3) मुझे भूख लगती है।
   4) क्या तुम्हें प्यास लगती है?
   5) क्या आपको भारतीय खाना अच्छा लगता है?
   6) मुझे भारतीय गाना अच्छा नहीं लगता।
   7) उसे क्या पसंद है?

8) तुम कहाँ जाना पसंद करते/करती हो?

9) मैं बिना गाइड के घूमना चाहता/चाहती हूँ।

10) आप मेरे साथ चलें?

पाठ 08

듣기

1. 1) गरमी, लग, रही
   2) ठंडा, होता
   3) से, अधिक, बारिश
2. 1) ① 2) ① 3) ②
3. 1) ② 2) ② 3) ②

읽기

1. ③ 2. ④ 3. ② 4. ④

쓰기

1. 1) दिल्ली में जून में बरसात शुरू होगी।
   2) आपका पसंदीदा ऋतु क्या है?
   3) कक्षा ख़त्म हो रही थी।
2. 1) रहा → रही
   2) चलता → चलती
   3) होगे → होंगे
3. 1) आज मौसम कैसा है? 2) आज बहुत गरमी लग रही है।
   3) कल आज से ज़्यादा ठंडा होगा। 4) बरसात कब शुरू होगी।

5) परसों बारिश होगी।
6) उस समय बारिश हो रही थी।
7) अभी बर्फ़ पड़ रही है।
8) आपकी पसंदीदा ऋतु क्या है?
9) मुझे गरमी ऋतु सबसे ज़्यादा पसंद है।
10) उन दिनों एक घटना थी।

पाठ 09

☑ 듣기

1. 1) करके, दो
   2) तुम्हें, दूँगा
   3) गरम, ज़रूरी
2. 1) ①　2) ①　3) ①
3. 1) ①　2) ②　3) ①

☑ 읽기

1. ①　2. ③　3. ②　4. ④

☑ 쓰기

1. 1) तुम इन छुट्टियों में क्या करोगे?
   2) पहले लंच करके मेरे यहाँ साथ चलें।
   3) मेरी छोटी बहन साइकिल चलाने की शौक़ीन है।
2. 1) देखना → देखने
   2) है → हूँ
   3) करकर → करके
3. 1) आप परसों क्या करेंगे/करेंगी?
   2) हमें मज़ा आएगा।

3) तुम किसके साथ कहाँ जाओगे/जाओगी?

4) तुम मुझे क्या दोगे/दोगी?

5) प्रोफ़ेसर हमारी परीक्षा लेंगे/लेंगी।

6) हम अगले हफ़्ते परीक्षा देंगे/देंगी।

7) मैं पहुँचकर तुम्हारी मदद करूँगा/करूँगी।

8) तुम कमरा साफ़ करने के बाद हिंदी पढ़ो।

9) सोचकर बोलिए।

10) आपका शौक़ क्या है?

पाठ 10

듣기

1. 1) उठने, के बाद
   2) पहुँचने, में, आधा, घंटा
   3) योगाभ्यास, करना

2. 1) ① 2) ② 3) ②

3. 1) ② 2) ① 3) ②

읽기

1. ③ 2. ④ 3. ①

쓰기

1. 1) मैं नाश्ता करने के बाद स्कूल जाती हूँ।
   2) योगाभ्यास सीखने के लिए कोई अच्छी जगह मालूम है?
   3) उस काम को न करना अपने लिए अच्छा होगा।

2. 1) आना → आने

   2) लगते हैं → लगता है

   3) तुम का → तुम्हारा

3. 1) मैं सुबह साढ़े सात बजे उठता/उठती हूँ।

   2) उठकर सबसे पहले नाश्ता करता/करती हूँ।

   3) उसके बाद पैदल स्कूल जाता/जाती हूँ।

   4) स्कूल पहुँचने में आधा घंटा लगता है।

   5) कक्षा (ख़त्म होने) के बाद देर तक पढ़ता/पढ़ती हूँ।

   6) बचपन में मैं गाँव में रहता था/रहती थी।

   7) उन दिनों मैं रिक्शे से स्कूल जाता था/जाती थी।

   8) स्कूल के कैंटीन में समोसा खाता था/खाती थी।

   9) दोस्तों के साथ मैदान में क्रिकेट खेलता था/खेलती थी।

   10) सोने से पहले पूजा करता था/करती थी।

पाठ 11

☑ 듣기

1. 1) पालक पनीर, रोटियाँ, लस्सी।

   2) शुद्ध, मशहूर

   3) भारतीय व्यंजन, हाथ, चाहिए

2. 1) ②　　2) ①　　3) ②

3. 1) ②　　2) ①　　3) ②

✓ 읽기

1. ① तीखा ② मीठा
   ③ खट्टा ④ नमकीन
   ⑤ कड़वा
2. ②
3. ①
4. ③

✓ 쓰기

1. 1) क्या यहाँ दक्षिण भारतीय व्यंजन मिलेगा?
   2) यह बिरयानी थोड़ी फीकी लगी है।
   3) मुझे बार-बार मॉल पर मित्र मिलता है।
2. 1) होगा → होंगे
   2) खाना → खाने
   3) तुम → तुम्हें
3. 1) यहाँ शाकाहारी के लिए क्या मिलेगा?
   2) शाकाहारी थाली में क्या-क्या मिलता है?
   3) मुग़लई थाली लूँगा/लूँगी।
   4) आपको और क्या चाहिए?
   5) मुझे कुछ नहीं चाहिए।
   6) पहले हाथ धोने का पानी लाइए।
   7) यहाँ गरम चाय मिलेगी?
   8) पालक पनीर थोड़ा-सा नमकीन लगा है।
   9) उसमें दही डालकर खाओ।

10) स्वाद और बढ़ेगा।

पाठ 12

듣기

1. 1) मेरे, यहाँ, सकते
   2) की, शुभकामनाएँ
   3) अपने, जैसा, मानकर
2. 1) ②   2) ①   3) ①
3. 1) ①   2) ②   3) ②

읽기

1. ①   2. ②   3. ④   4. ③

쓰기

1. 1) नव वर्ष मुबारक हो।
   2) मुझे उसका पता मालूम है।
   3) मुझे हिन्दी लिखनी आती है।
2. 1) आप → आपका
   2) आना → आ
   3) मैं → मुझे
3. 1) तुम कल मेरे यहाँ आ सकती हो?
   2) क्या आप यह काम कर सकते हैं?
   3) जन्मदिन मुबारक हो।
   4) मेरे परिवार से मिलिए।

5) मुझे आपसे मिलकर ख़ुशी है।

6) मुझे उसका नाम मालूम नहीं था।

7) मैं हिन्दी बोल सकती हूँ।

8) तुम्हें हिन्दी अच्छी तरह आती है।

9) क्या उसे कार चलानी आती है?

10) मैं कल इम्तहान के कारण नहीं आ सका।

힌디어 표준 교재 A1

초판 인쇄 2019년 11월 20일
초판 발행 2019년 11월 27일

지은이 한국외국어대학교 인도어과 · 인도학과
발행인 김인철
총괄 · 기획 가정준 Director, University Knowledge Press
편집장 신선호 Executive Knowledge Contents Creator
기획 · 물류 이현진 Planning Expert
사전 · 도서편집 정준희 Contents Creator
전자책 · 도서편집 장혜린 Contents Creator
도서편집 이병철 Contents Creator
이근영 Contents Creator
재무관리 하누리 Managing Creator
발행처 한국외국어대학교 지식출판콘텐츠원
02450 서울특별시 동대문구 이문로 107
전화 02)2173-2493~7
팩스 02)2173-3363
홈페이지 http://press.hufs.ac.kr
전자우편 press@hufs.ac.kr
출판등록 제6-6호(1969. 4. 30)
디자인 · 편집 (주)이환디앤비 02)2254-4301
인쇄 · 제본 (주)트윈벨미디어 02)2088-1810

ISBN 979-11-5901-659-2 14790 정가 30,000원
ISBN 979-11-5901-657-8 (세트)

*잘못된 책은 교환하여 드립니다.

HUiNE은 한국외국어대학교 지식출판콘텐츠원의 어학도서, 사회과학도서, 지역학 도서 Sub Brand이다. 한국외대의 영문명인 HUFS, 현명한 국제전문가 양성(International +Intelligent)의 의미를 담고 있으며, 휴인(携引)의 뜻인 '이끌다, 끌고 나가다'라는 의미처럼 출판계를 이끄는 리더로서, 혁신의 이미지를 담고 있다.

이 책의 음원(mp3)은 한국외국어대학교 지식출판콘텐츠원 홈페이지 (press.hufs.ac.kr) – 게시판 – 자료실에서 다운받아 사용하시기 바랍니다.